JN281246

子どもと楽しむゲーム⑥

楽しいゲームあそび 155

三宅邦夫 著

黎明書房

はじめに

　みんなで楽しむ遊びを知らない，遊べない子どもたちは，映像のなかでひとり遊びの冒険を楽しんでいる。

　テレビの前に座る時間が長くなり，体を動かす遊びの体験が少ない子どもたちは，メンコやジャンケンごっこなどできるはずがない。

　多くの幼稚園や保育園，そして小学校を訪れて目にするのは，運動場（外遊び）での集団遊びの少ないことです。

　走るとすぐ「疲れる!!」と口にする子ども，同じように先生のなかでも「遊びはたいへんです」とおっしゃる方がいらっしゃいます。

　PTAの講演会に招かれたときのこと，会長の精神科の医師が「体を動かさない高校生にストレスがたまって，口がきけなくなってしまい入院するケースがあります。ようするに幼年期・児童期の遊び体験が少なかったのでは……」と，一言語られました。

　「いじめ」や「不登校」は，遊びのなかで生涯交わりを深める友だちを作ることで解消されるとも考えます。

　この度，先に「ゲーム＆遊びシリーズ」の第6巻として発表いたしました『みんなで楽しむゲーム＆遊び155』を，書名を改め，判を小さくしてハンディなタイプにいたしました。

　『みんなで楽しむゲーム＆遊び155』は，私が40年前に出した『さあ　みんなであそぼう』に，新しく創作した遊びを加えて発表したものでした。それが，今回，新シリーズ「子どもと楽しむゲーム」の1冊として装いも新たに出されることは，とても嬉しいことです。遊びの輪が，さらに広がることを願ってやみません。

　最後に，協力していただいた山崎治美さん，出版の機会を与えてくださった黎明書房の武馬久仁裕社長に深く感謝いたします。

著　者

● もくじ ●

はじめに……1

A　幼児と低学年

1　紙テープ遊び(1)……10
2　紙テープ遊び(2)……11
3　しりとり絵さがし……12
4　積み木遊び……12
5　ピンポン玉運び……13
6　ボール遊び(1)……14
7　ボール遊び(2)……15
8　ボール遊び(3)……16
9　ボール遊び(4)……16
10　動物狩り……17
11　ボール置き競争……17
12　どんな色かな……18
13　ゴムふうせんを利用した遊び……19
14　ボールさげ競争……19
15　トンネル遊び……20
16　花さし遊び……20
17　なげ輪競争……21
18　ふうせんトントン……22
19　図形遊び……22
20　点取りゲーム……23
21　吹矢遊び……23
22　円バン遊び……24
23　ボールおくり……24
24　5円コマ……25
25　へび遊び……25
26　お月さま遊び……26
27　紙ふみ競争……27
28　あきかん遊び……27
29　切らない競争……28
30　くだものさがし……29

もくじ

31 ボール投げ……29
32 ひもの輪投げ……30
33 乗り物遊び……31
34 自転車のリムを利用した遊び……32
35 ふうせん渡り……32
36 絵合わせ……33
37 輪投げ……33
38 乗りものごっこ……34
39 木の葉カード遊び……34
40 玉入れ……35
41 お手玉投げ……36
42 紙テープを使った遊び……36
43 ボール拾い……37
44 花さし競争……38
45 紙コップ遊び……38
46 色紙遊び……39
47 紙の筒くぐり……39
48 お手玉入れ……40
49 たいこゲーム……40
50 けいさん遊び……41
51 自然観察ゲーム……42
52 貝さがし……43
53 砂遊び……43
54 電車遊び……44
55 動物さがし……45
56 交差点遊び……46
57 輪くぐり遊び……47
58 時計遊び……47
59 輪の陣とりごっこ……48
60 数をきいて陣とりごっこ……48
61 複数で陣とりごっこ……49
62 両足で輪とび……49
63 ケンパー輪とび……49

B　ゴムまりを使用した遊び

- 64　ボールとり……50
- 65　ボール入れ(1)……50
- 66　ボール入れ(2)……51
- 67　ボール投げ遊び……51
- 68　お月さまあて……52
- 69　鉛筆たおし……52
- 70　ボール通し……53

C　ボールを使用した遊び

- 71　ボール送り(1)……54
- 72　ボール送り(2)……55
- 73　ボール投げ……55
- 74　ボールの塔作り……56
- 75　ボールけり(1)……56
- 76　ボールけり(2)……57
- 77　鉛筆ボール遊び……58
- 78　ボールころがし(1)……58
- 79　ボールころがし(2)……59
- 80　おぼんのボール落とし……59
- 81　紙テープ遊び……60
- 82　ボール遊び(1)……60
- 83　ボール遊び(2)……61
- 84　ボール遊び(3)……62
- 85　ボール遊び(4)……63
- 86　ボール遊び(5)……63
- 87　ボール遊び(6)……64
- 88　親子ボールの競争……65
- 89　ボウリング……66
- 90　ボールひき……67
- 91　まり通し……67
- 92　ボール遊び(1)……68
- 93　ボール遊び(2)……69
- 94　ボール落とし(1)……70
- 95　ボール落とし(2)……70
- 96　ボール落とし(3)……71
- 97　浮き袋遊び……72
- 98　ボール通し……73

もくじ

D ピンポン玉を使用した遊び

- 99 コップにピンポン玉入れ……74
- 100 キャラメル落とし……75
- 101 新聞紙破り……76
- 102 箱たおしゲーム……77

E スポンジボールを使用した遊び

- 103 スポンジボール遊び……78
- 104 スポンジボールのゴルフ……78

F ふうせんを使用した遊び

- 105 ふうせんにまりあて……79
- 106 ふうせんあおぎ競争……80
- 107 ふうせんとばし……81
- 108 ふうせんつり遊び……81
- 109 ふうせんけり……82
- 110 ふうせん打ち競争……83
- 111 ふうせん運び……84
- 112 ふうせん打ち……85
- 113 ボクシングゲーム(1)……86
- 114 ボクシングゲーム(2)……87
- 115 ふうせん吹き競争……88
- 116 紙コップを利用したふうせん運び……89
- 117 ふうせん競争……90
- 118 ふうせん送り……91

G　紙袋を使用した遊び

- 119　2人目かくし競争……92
- 120　ミカンさがし……93
- 121　障害物競争……94
- 122　2つ門めぐり……95
- 123　ボールの門くぐり……96
- 124　くだものとり競争……97
- 125　かんかん遊び……98
- 126　お友だちさがし……99
- 127　ハードル遊び……100
- 128　ふうせん遊び……101
- 129　おぼえっこ(記憶遊び)……102
- 130　目かくし競争……103
- 131　ふうせん顔かき……103

H　新聞紙を使用した遊び

- 132　新聞くぐり……104
- 133　新聞ビリビリ……105
- 134　紙はしごくぐり……106
- 135　輪くぐり競争……107
- 136　新聞紙のボール遊び……108

I　あきかんを使用した遊び

- 137　かんけり遊び……109
- 138　かんかん打ち……110
- 139　かんかんたたき……111
- 140　ジュースかんたおし……112
- 141　かんかんつり遊び……113

J　紙テープを使用した遊び

- 142　紙テープ遊び(1)……114
- 143　紙テープ遊び(2)……115
- 144　3人4脚の遊び……116
- 145　3人競争……117
- 146　紙テープとび……118
- 147　紙テープを使った3人競争……119
- 148　片足競争……120
- 149　集合ゲーム……121

K　何も使用しない遊び

- 150　ジャンケン遊び……122
- 151　手を打って(1)……123
- 152　手を打って(2)……124
- 153　むかで遊び……125
- 154　おしりずもう……126
- 155　集合ゲーム……127

楽しい

ゲームあそび155

A 幼児と低学年

1　紙テープ遊び(1)

用意するもの　紙テープ（1巻）

【遊び方】

　1メートルに切った紙テープの一方で右手首を結び，もう一方で左足首も結ぶ。

　左手首と右足首も，同じようにもう1本の紙テープで結びます。

　子どもを1列にならばせ，10人ぐらいで一度に競争させましょう。

　また別の遊びとして，円を作り，みんなで紙テープを切らないように右に，左にまわってもよいでしょう。

A 幼児と低学年

2 紙テープ遊び(2)

用意するもの 紙テープ（赤，青，黄など各1巻）

【遊び方】

　2組に分かれて競争します。

　各組とも2人1組を作り，紙テープを輪にしてそれぞれの体にセロハンテープでとめます。

　そして，前と後の子どもの間隔を，約1メートルにして紙テープでつなぎます。

　各組とも用意ができたら，出発点から7，8メートルはなれた所に目標を決め，リーダーの合図で走り競争します。

　このとき，紙テープを切らないように気をつけて走ります。

　この遊びはお互いに協力しあって遊ばないと，紙テープがすぐ切れてしまいます。

　5組ぐらいで一度に，全員が走ってもよいでしょう。

3　しりとり絵さがし

用意するもの　古い絵本，厚紙

※古い絵本の動物とか，くだもの，花の絵などを切り取り，10センチ四方の厚紙にはり，カードを作ります。

【遊び方】

　動物，植物，くだものなどのカードを部屋（広い教室）にならべ，先生が1枚拾います。

　カードが「バナナ」の絵であれば「これはバナナですね。バナナの最後は"ナ"ですね。では"ナ"のつく植物はなんでしょうか？」と子どもに聞きます。

　もし，子どもが「菜の花」と答えれば「そうです。その他に食べるものでは，何がありますか？」と誘導していきます。

　このとき，子どもはカードを手にとって答えるようにします。ほかにも「ナス」「ナシ」などと答えができれば，次からは，しりとりで「シカ」「カラス」などとゲームを進めていくのも楽しいです。

4　積み木遊び

用意するもの　大小さまざまな木の切れ端

【遊び方】

　おとうさんやおかあさんが，まず集めた木切れを使って，門や山を作ってみせます。あとは子どもにその木切れを自由に使わせて遊ばせるのです。

　子どもは，長い木切れの上に丸い木をのせれば，汽車にみたてて空想の世界で遊びます。

　この遊びは子どもの知恵を伸ばし，豊かな創造の世界に導くことができます。

　なお，こうした遊びはたたみの上でもどこでも簡単にできます。

　高価な積み木を与えるより，おとうさんの日曜大工であまった，心のこもった木切れこそ，親と子の愛情のかけはしになります。

A 幼児と低学年

5　ピンポン玉運び

用意するもの　ピンポン玉（5個），ボウルまたはどんぶり（4個），はし（1ぜん）

【遊 び 方】

　ボウルの中に5個のピンポン玉を入れておき，他のボウルは，5センチの間隔でならべます。

　この遊びははしでピンポン玉をはさんだら，隣に移していくものです。

　まず，おかあさんが一度，はしでピンポン玉をはさみ，うまく隣に移して見本をみせます。

　次に「○○ちゃん，やってみなさい」というように，遊びを子どもにゆずります。

　すると子どもは，おかあさんの作ってくれた楽しい雰囲気をそのまま受けつぎ，1人で楽しみます。

　何回も，何回も落とすうちに，だんだんうまくなっていきます。

　それがうまく入るようになったら，こんどはいちばん遠くにあるボウルから順番に入れます。

6　ボール遊び(1)

用意するもの　ペットボトル（10本），ボール（10個）

※ペットボトルは軽いので，たおれにくいように中に砂を入れておく。

【遊び方】

　ラインを１本ひき，そこから５メートルほどはなれた所に，だいたい30センチ間隔でペットボトルを５本ならべます。

　同じように少しはなして，ペットボトルを５本ならべておきます。

　この遊びは，紅白の２組に分かれてします。

　各組の先頭の人が５個のボールを手に持ち，リーダーの合図でペットボトルの所にいき，自分たちの組のペットボトル（５本）の上にボールを落とさないように早くのせていきます。

　そして，のせ終えたら最初にのせたボールから順番にとり，手に持って走っていって次の人に渡し交代します。

　ペットボトルの口は小さいので，なかなかボールが落ちつきません。

　また，持っているボールが落ちてしまうこともあります。

7　ボール遊び(2)

用意するもの　ボール（ドッジまたはバレーボール2個），厚紙

※厚紙を丸めて，直径7，8センチ，長さ12，13センチの筒を作ります。グループごとに，異なった色の筒を持つときれいです。ジュースのあきかんを利用してもよいでしょう。

【遊び方】

筒の上に，ボールをのせて競争します。

ボールを落としたら，その場で拾ってのせ，また走ります。

筒を持つ手は，なるべくまげないようにまっすぐ前に出し，両手で持たないように，必ず片手で運びます。

各グループで円を作り，円の外側を1周して次の人と交代します。（この場合，円形が異ならないように，どの円も同じ大きさで行います）

また，10人くらいが一直線上にならび，いっせいにスタートして目標をまわってくる，個人の競争でもよいし，またリレー形式でやっても楽しめます。

8　ボール遊び(3)

用意するもの　ボール（ドッジまたはバレーボール6個）

※ボールの数は，年齢，体つき人数などにより増減する。

【遊び方】

　まず，手をつないで輪を作ります。

　輪を作ったら，「××君から最後の○○君まで順番に，3個のボールを手渡しします。もしボールが落ちたら，落とした人が拾います」と説明してはじめます。

　競争するために輪を2つにしたり，男女別の輪でやってみましょう。

　大きなボールでも，2個までは簡単に持てますが，3個はむずかしいのです。年齢，体つきで，ボールの数を決めましょう。

9　ボール遊び(4)

用意するもの　新聞紙（1グループに各1枚），ボール（ドッジまたはバレーボール4個）

【遊び方】

　4人1組のグループを作り，紅白の2組に分けます。

　出発点より，6メートル先に目標を決めます。

　まず，新聞紙の四すみを4人で持って，その上にボールを2個のせます。そして，早く目標をまわって来て，次のグループと交代する遊びです。

　ボールを落としたら最初からやりなおしをします。

　1個のボールでやると，新聞紙の折り目に固定し，おもしろくありません。新聞紙は破らないように，最後までしっかり持って走ります。

A 幼児と低学年

10 動物狩り

用意するもの ビニールの輪（直径約20センチのもの4本），古い絵本

※古い絵本のなかから動物を切り取り，切り取った動物の絵の裏に厚紙で作った支えをはり，画びょうでとめる。動物はできるだけ紙の厚い絵本から選ぶとよい。
ビニールの輪は，ビニールホースの片方の端に切りこみを入れて割き，固く巻いて他方の端にねじこんで輪にし，セロハンテープでとめます。

【遊び方】

動物をならべ，約2，3メートルはなれた所からビニールの輪を投げ，動物をいとめれば成功です。

簡単な輪投げ遊びですが，的が動物であるため，いっそう興味をひくものです。

家庭で，競争しながら遊んでみましょう。

11 ボール置き競争

用意するもの ボール（ドッジまたはバレーボール2個）

【遊び方】

直径10〜15センチの円を，一定の間隔をあけて2つほどかきます。

さらにその円から5，6メートルはなれた所に，ラインをひいておきます。

この遊びは，リーダーの合図でボールを持って円の所まで走り，円の上にボールを置く遊びです。

走ってきた勢いと，競争心がさきだち，うまくボールが落ちつきません。

うまくいったと思うと，すぐ円から出てきたりします。簡単なようでむずかしい遊びです。

12 どんな色かな

用意するもの 色紙（7色を2，3組），厚紙（四つ切り画用紙20枚）

※色の異なる7種類の色紙を2，3組用意します。

各色紙には厚紙をはって強くしておきます。

四つ切りの画用紙，またはそれにかわる用紙には，とくに色を強調した動物，植物，鉱物など（たとえば赤色ならばリンゴ，消防車，ポスト）を輪郭だけ黒色の油性ペンでかいておきます。

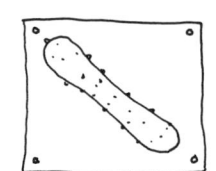

【遊び方】

子どもに7色の色紙を持たせます。

5，6メートルはなれた所に，絵のかいてある画用紙をならべます。

まず先生が「向こうの絵の中で，赤い色をしているのはどれでしょう」といいます。

すると子どもは，赤の色紙を持って該当する絵の前に置きにいきます。

また逆に，色紙をならべておいて「○色と×色をしているものをさがしていらっしゃい」と絵のかいてある画用紙を子どもたちに，持ってこさせるのもいいでしょう。

A 幼児と低学年

13　ゴムふうせんを利用した遊び

用意するもの　ゴムふうせん（1個），ビニールホース（20センチ），太いひも（80センチ）

※吹き口のついたゴムふうせんに空気を入れて結び，そこにひもをしばりつけます。
　ビニールホースで，電車のつり皮と同じような輪を作り，輪のつなぎめは，はなれないようにセロハンテープでとめます。そして，ゴムふうせんを結んだひもの端を輪に結びます。

【遊び方】

　輪をにぎることが，幼児にとって全身運動になります。

　そして輪を左右に動かすとゴムふうせんがしぜんに動きます。これで子どもは夢中になり，ゴムふうせんをどんどんひっぱります。にぎる力にひっぱる力が加わります。

14　ボールさげ競争

用意するもの　ボール（ドッジまたはバレーボール2個），紙テープ（1巻），セロハンテープ

【遊び方】

　ボールが落ちないように紙テープで十文字に結び，セロハンテープでとめます。

　結び目から約50センチのところで紙テープを切ります。

　2組にグループを分け，リーダーの合図で目標をまわって出発点にもどり，次の人と交代する遊びです。

　走るたびにボールがゆれ，その重みが紙テープにかかり，切れやすくなります。

　もし走っている途中で切れたら，新しいテープにとりかえ，やりなおします。

　全員が早くやり終えるには，紙テープを切らないことです。

15 トンネル遊び

用意するもの　ハトロン紙（5枚）

※ハトロン紙は，子どもが入ってくぐれる大きさにのりかセロハンテープではりつけ，長さ5メートルのトンネルを作ります。

【遊 び 方】

　トンネルを置き，リーダーが子どもたちに汽車の歌を歌わせて，順番にくぐらせます。トンネルをくぐる時，一度に3人以上を入れると，破れる心配がありますから，1人ないし2人がよいでしょう。

　雨の日や暑い日には講堂や広い部屋で，トンネル遊びをするのも，よろこばれるでしょう。

16 花さし遊び

用意するもの　あきびん（ビールびんかジュースびん5本），花（造花，草花どちらでもよい。5本），紙袋（頭がすっぽりかくれるもの5枚）

【遊 び 方】

　5組にグループ分けし，各組の間隔は1メートルずつにします。

　先頭から5メートルはなれた所に，各組のびんを1メートルの間隔でならべます。

　各組の先頭に花を1本ずつ持たせ，紙袋をかぶせます。そして，リーダーの合図で紙袋をかぶった人はびんの所まで行って花をさします。さし終わったら，見ていたリーダーが紙袋をとってやります。そして花と紙袋を持って帰り，次の人と交代するのです。

　リレーでするため，競争心がわきます。花をさそうとしてびんをたおしたら，もう一度出発点からやりなおしです。

17 なげ輪競争

用意するもの　ひも（80センチ〜1メートルのもの10本）

※ひもは、結んで輪にしておきます。

【遊び方】

　出発点から、5メートルの所にラインをひきます。

　5，6名ずつ2組に分かれて2列にならび、各組の先頭が5本ずつ輪を持ちます。

　この遊びは5本の輪を持った人が、スタートの合図でひもを投げ、その輪の中に両足または片足を入れ、次の輪を投げ……というように、5本の輪を使って、到着ラインにつく遊びです。

　到着ラインについたら、戻っていって投げた輪を拾い、次の人に渡します。これをリレー式で行なうわけです。

　輪の中に入るとき、輪をふんだり輪から外に出たりしたら失格で、最初からやりなおしです。

　輪がひもでできているため、投げ方に気をつけなければなりません。

　また、5本の輪をどこに投げたら5メートルの所をうまく渡ることができるか、ちょっと工夫しないといけません。

　最初に、5本をすべて投げてしまい、その輪の中をとんでいくやり方もよいでしょう。

　しかし、いっそうむずかしくなりますよ。

18　ふうせんトントン

用意するもの　ゴムふうせん（丸いもの2個），短い棒（2本）

【遊び方】

　部屋（8畳ぐらい）の畳のへりの両側を，コースのラインとして，利用します。

　まずスタートする場所を決めます。

　そして，ふくらませたゴムふうせんを短い棒で，トントンと前に進むように打ち，畳のへりから出ないように遊ぶのです。

　ゴムふうせんはフワフワとして，なかなか前に進みません。

　そこで，どうしたら早く進むかと，子どもはいろいろと考えます。場所の広い所では，2組に分けて競争させます。

19　図形遊び

用意するもの　厚紙，ハサミ

※厚紙を円形や四角形，三角形にしたものを用意します。あまり複雑な形にしないよう切っておきます。

各形とも3組～5組作ります。（参加する子どもの数によって，増減するとよいでしょう）

【遊び方】

　この遊びは，円形や三角形，四角形をしぜんに学ばせるものです。

　遊びの前に，円形はこれとこれを合わせる，三角形はこういう形のもの，四角形は……など，子どもたちに納得のいくように説明しておきます。

　それから子どもたちを1列にならばせ，5メートルはなれた所に，図形をバラバラにしてならべます。リーダーの合図で，バラバラにした円形や三角形，四角形を早く集め，もとの形を作らせます。早く作った人が勝ちです。

　また，最初から××君は三角形，○○ちゃんは円形と決めておいてもよいでしょう。

A 幼児と低学年

20 点取りゲーム

用意するもの　牛乳びんの紙セン または，丸く切った厚紙（参加人数分用意し，それぞれ色をぬっておく），机，紙（約80センチ四方の白い紙1枚）

※白い紙には，図のように10，20などの数字を，直径5センチの円の中にかき，その紙を机の上に固定します。

【遊び方】

自分の持つセンを決め，家族全員が順番に，机の端から人さし指でセンをはじき，輪の中に入れます。

そして輪の中にかいてある点数をとることができます。

高い点数は，ねらいにくい所にかくとよいでしょう。

点取りの表を作って遊ぶと，勝ったり，負けたり，楽しい家族の団らんができます。

21 吹矢遊び

用意するもの　古ハガキ（2枚），セロハンテープ

※古ハガキを切り，トンガリ帽子のように巻いて，セロハンテープではなれないようにとめておきます。
とがっていない方を，きれいに切りそろえておきます。（これで矢のできあがり）
トンガリ帽子の矢ができあがったら，こんどは別のハガキを縦半分に切り，切りとった2枚をつないで輪を作ります。

【遊び方】

輪を机の上にのせ，セロハンテープでとめます。

そこから30センチはなれた所に矢をおき（とがった方を輪の方に向けて），フーッと吹いて矢を輪の中に通す遊びです。

家庭で簡単に用意ができ，机の上で楽しく遊べます。

注）矢は，絶対に他の人に向けないこと。

22　円バン遊び

用意するもの　牛乳ビンの紙センまたは，丸く切った厚紙

※紙センはたくさん集め，よくかわかして表と裏に目だつ色をぬり，その上にロウなどをぬれば，いっそう丈夫な紙センになります。

【遊び方】

　左手の親ゆびを上にして，にぎりこぶしを作る。そして親ゆびの上に，用意した紙センをのせ，右手の人さしゆびか，中ゆびでセンを強く打って，遠くへ飛ばす遊びです。

　うまくいくと円をかくようによく飛びます。

　たくさんの子どもを1列にならばせ，「ヨーイ，ドン」の合図で，いっせいに飛ばすのです。

　広場で簡単にできる楽しい遊びの1つです。

23　ボールおくり

用意するもの　ボール（ドッジまたはバレーボール2個）

【遊び方】

　参加者を2組に分け，それぞれ輪を作ります。

　次に，円の内側を向いて手を出し，左右の手のひらをくっつけて上を向けます。

　円の中にいるリーダーの合図でボール渡しをはじめます。

　ボールを途中で落としたら，リーダーがすばやく拾いにいって続けます。

　また，円の外側を向いて同じようにするのもよいでしょう。このとき，リーダーは，円の外に出ます。

　なおリーダーは，ボールが1周すると交代です。

　隣りの組との競争で，活気のでるゲームです。

A 幼児と低学年

24 5円コマ

用意するもの　5円硬貨，短い鉛筆（約3センチ），接着剤

※長さ約3センチの鉛筆をけずり，先をとがらせておきます。5円硬貨の穴に鉛筆を入れ，コマを作ります。指先でまわしてみて，よくまわるようにします。穴に接着剤を少しつけておけば，じょうぶな5円コマができます。

【遊び方】

　各人が1個ずつコマを持ち，机か台の上でコマまわし競争をします。

　まわし方しだいで，記録がでたりでなかったり，家族そろって楽しむことのできる遊びです。

25 へび遊び

用意するもの　紙テープ（黄色1巻）

【遊び方】

　10～15人が1組で，1列にならびます。

　先頭をリーダーとし，お互いの隣りあう手首を紙テープで結び1列になります。

　そして，「用意，ドン」の合図でリーダーになった人が自分の列の間を一度だけくぐるかまたぎます。他の人はこれに続いて移動し，紙テープを切らないように早くもとの1列にならびなおします。紙テープを切った組は，負けです。リーダーになった人は，どこをくぐったら切らずに早くできるか考えます。

　みんなで協力しあって，楽しめる遊びです。

　これはおとなの場合，時間を3分などと決め，3分の間，どれだけくぐったり，またいだりできたかを競争してもいいでしょう。

26 お月さま遊び

用意するもの　厚紙（直径20センチのお月さまを，参加人数分だけ作ります），クレヨンまたはパステル（子どもに色をぬらせましょう）

【遊 び 方】
　子ども全員をならばせ，厚紙にかいたお月さまを胸の高さの位置に両手で持たせます。リーダーが「お月さま上がった」と言葉をかけると，子どもは持ったお月さまを両手で頭の上に上げます。
　リーダーが「お月さま下がった」といえば，今度はお月さまを下げます。
　ここで，リーダーは「お月さま下がったと言葉をかけたのに，私がまちがえてお月さまを上にあげても，みんなは私と同じようにお月さまを上げてはだめですよ」と教えます。
　2，3回上げたり，下げたりして言葉と動作が一致しないようにする。たとえば「お月さま下がった」といって，リーダーはお月さまを頭の上に上げます。
　やっている人は，ついリーダーのまねをして上げてしまいます。子どもの気分をほぐす遊びです。

27 紙ふみ競争

用意するもの 厚紙（30センチ四方のもの10枚）

【遊び方】

　1人、5枚ずつ厚紙を持ちます。そして決めた目標まで、その5枚の紙を使って早くたどりつく遊びです。

　厚紙を遠くに投げると足がとどかず、地面についてしまいます。こうなったら失格で、もう一度やりなおしです。

　次の紙をどこに投げたらよいか、足をのせている紙からの間隔を考えねばなりません。

　そこで子どもは工夫し、楽しく遊びます。

28 あきかん遊び

用意するもの　ジュースのあきかん（2個）、缶づめのあきかん（大小各1個ずつ）、ドライミルクのあきかん（1個）

※あきかんの外側に、赤、黄、青など色とりどりの塗料をぬっておき、あきかんのふたの一方をきれいに切りとります。
　このとき、切った所を危なくないようにしておきます。

【遊び方】

　砂場であきかんに砂を入れさせて遊びます。大きいかんの中には、小さいかんの砂が何ばい入るかなど、親子で会話をしながら一緒にやってみます。

　きれいな塗料がぬってあるため、子どもも遊ぶのがいっそう楽しくなるでしょう。

29 切らない競争

用意するもの 新聞紙（大判5枚）

※新聞紙を10センチ幅に切ってのりでつなぎ，5メートルの長さにします。
この5メートルのテープを5本用意します。

【遊び方】

この遊びは5人が1組となり，1本のテープを片手で持ちます。

そして，スタートラインに5組全部がテープを持ってならび，リーダーの合図で目標まで競争するのです。

この場合，テープを切ったら失格です。5人があせってテープをひっぱり合わないように，しかし速く走りましょう。

新聞紙は，ふつうの紙テープよりずっと弱いですから，ちょっとひっぱっただけでもすぐ切れてしまいます。

切れないように協力して走る姿は，ほほえましいものです。

また，3～5人が1組になり，片方の手を1本のテープで結んで競争すると，より注意力が必要になります。

A 幼児と低学年

30 くだものさがし

用意するもの 古い絵本，厚紙（15センチ四方のもの約50枚）

※古い絵本からくだものの絵を切りぬいて，15センチ四方の厚紙にはります。
　くだものの種類は多い方がよく，50枚ぐらい用意しましょう。

【遊び方】

　くだものカードを床の上にならべておき，子どもを1列にならべます。リーダーは，「リンゴ」とか「バナナ」など，くだものの名前をいいます。

　子どもたちはリーダーがいったものを，まちがえないようにさがし出し，とどけます。

31 ボール投げ

用意するもの ゴムまり（各自1個ずつ）

【遊び方】

　子どもを向かい合わせてならばせます。

　向かい合った子どもの間隔は約3メートル。ならび終わったら，ゴムまりを各自に持たせて投げあって，互いに受けとります。

　ゴムまりをタイミングよくうまく投げないと，相手のものと衝突してしまいます。

　リーダーの合図で投げ，落としたらすぐ拾わせる。これを何回もくりかえせばうまくなります。

　また，ゴムまりをバレーボールやドッジボールにかえてやるのもよいでしょう。

32 ひもの輪投げ

用意するもの　ひも（長さ４メートルのコマひも），ミカン，リンゴなど
※ひもは70センチの長さに５，６本切り，しっかりと結んで輪を作っておきます。

【遊び方】
　畳の部屋ならば，畳１じょうに，ミカンやリンゴなどを10個ほどならべておきます。
　そして，２メートルほどはなれた所から，ミカンやリンゴをねらって，ひもの輪を投げます。
　輪の中にきれいに入ればいいのです。的にするものは，何でもいいです。
　お正月や休みに家中で楽しむのもよく，またおかあさんが，子どもにおやつをあげるとき，「輪の中に入ったら，あなたのものよ」といってやれば，遊びの中から自然に与えることができるわけです。
　おかあさんやおとうさんができなくて，子どもの方が簡単にできるかも知れません。
　そこにこの遊びのおもしろさがあります。
　輪はひもですから，なかなかうまく入りません。
　そこで投げ方に対する工夫や，距離を考えることになるのです。

A 幼児と低学年

33 乗り物遊び

用意するもの　新聞紙，はさみ，のり

※新聞紙を5センチ幅に切り，それをのりではりつけてつなげ，長さ2～3メートルにします。両端にのりをつけ，つなぎあわせて輪を作ります。（簡単にできるので子どもに作らせて，すぐ遊ぶことができます）

【遊び方】

　2人1組のグループを作り，一緒に輪の中に入って乗り物競争をして遊びます。

　汽車になったり，バスになったり，電車になったり，何になるかは子どもたちの話し合いで決めればよいでしょう。

　スタートラインに2組以上の乗り物がならんで，その乗り物の合図（たとえば汽車なら汽笛，バスならブザー音という具合に）で直線を走ります。

　曲った線を走るときは，輪が切れやすく困難ですから，直線を走った方がよいでしょう。

　走り出したら，お互いにバランスを保たないと切れてしまいます。

　切れたら失格です。切れないように注意し，目標まで早く行った組が勝ちとなります。

34　自転車のリムを利用した遊び

●リムとは、車輪の外枠のことです。

用意するもの　自転車のリム（古くなって使用しない子ども用のもの1本），木切れ（いろいろな形をしているもの20～30個）

【遊び方】

　この遊びは，木切れを使ってリムを立てるだけです。しかしこれが，なかなかむずかしいのです。

　そこで，木切れの中で斜めに切ったものや，いろいろな形のものを，リムの下にかうようにします。

　リムが動かないように，両方からとめれば，うまく立ちます。

　一度立てて子どもに見せ，それから「さあ，こんどはやってみなさい」とバトンタッチすれば，子どもなりに，いろいろ考えて楽しく遊べます。

35　ふうせん渡り

用意するもの　ゴムふうせん（20個），積み木

【遊び方】

　積み木で，縦4メートル，横4メートルのかこいを作ります。

　この中に，20個のふうせんをふくらませて入れます。

　積み木の両側に，園児を向かい合わせてすわらせます。そして1名ずつ，ふうせんにさわらないように反対側の場所に渡るのです。

　子どもが歩くとふうせんは簡単に動きます。もし足にさわったときは失格です。見ている子どもに応援させると，活気がでて楽しくなります。

　外でやるとふうせんが動き，いっそうむずかしくなりますから，まず室内でやってみましょう。

A 幼児と低学年

36 絵合わせ

用意するもの 古い絵本，ハサミ，厚紙（10センチ四方に切ったもの20枚）

※古くなった幼児雑誌や，絵本その他，古い本の中から，いろいろな絵（花や木など）を切り抜き，10センチ四方の厚紙にはって，カードを作っておきます。

【遊び方】

カードをバラバラに散らし，机の上におきます。

先生が「春」といったら，春に関係のあるカードをさがす遊びです。春，夏，秋，冬に分けて遊んでもいいですし，また，花とその花の咲く木や葉を切りわけ，別々のカードを作り「この花の葉は，どれでしょう」と遊んでもおもしろいです。

こうすれば季節感のうすれがちな現代でも，楽しく遊びながら，自然や季節に対する感覚を養うことができます。

37 輪投げ

用意するもの ビニールホース（2メートル）

※ビニールホースを40センチに切り，ホースの穴に細い竹の棒（竹ヒゴ）を入れて（竹の棒を入れるのは，輪を重くするため）輪を作り，輪のつぎ目をセロハンテープでとめます。それを4本か5本作ります。

【遊び方】

おとうさんかおかあさんが立ち，右手か左手をまっすぐ前に出します。そこから3メートルぐらいはなれた所に，ラインをひいておきます。

この遊びはビニールの輪をうまく投げて手に通す遊びです。

輪投げに変化をもたせるために，手を上にあげたり横に出したりして，投げ合いをするのもいいでしょう。

38　乗りものごっこ

用意するもの　竹ざお（2メートルのもの2本），ビニールホース（6メートル），
　　　　　　　　細ひも（少々）

※ビニールのホースを30センチの長さに10本切り，両端を合わせセロハンテープでとめて輪を作ります。
　細ひもは，40センチの長さに切り，各ざおに5ヵ所ずつ結びつけます。
　そして，そのひもにさきほど作った輪を結びつけ，バスや電車のつり皮のようにします。

【遊び方】

　2本のさおを，先頭と一番最後の子どもで，両肩にのせて持ちます。
　10人の子どもが電車やバス，汽車などの歌を歌って乗りものごっこをします。先頭の子は運転手，最後の子は車掌さんです。乗りものの大好きな子どもは，大よろこびで遊ぶでしょう。

39　木の葉カード遊び

用意するもの　木の葉（色づいた落ち葉でもよい。種類が多いほど楽しめる），厚
　　　　　　　　紙，セロハン，セロハンテープ

※色づいた木の葉を種類別に分けて，厚紙にセロハンテープで動かないようにとめます。そしてその上からセロハンで包み，木の葉カードを作ります。

【遊び方】

　30種ぐらいのカードを机の上にならべ，「実のなる木の葉」「花の咲く木の葉」などと，おとうさんやおかあさんも，いっしょになって分別してみましょう。
　この遊びは製作をかねたものです。
　子どもたちに作らせるのもよいでしょう。
　旅行やハイキングの前にこの遊びをして，現場で子どもに思い出させて楽しむのも，おもしろいでしょう。

A 幼児と低学年

40 玉入れ

用意するもの　お手玉（各自3個作る。ボールでもよい），バケツ（2個），ふろしき（1枚）

【遊び方】
㋑　直径6〜8メートルの円を描き，真ん中にバケツをおきます。
　　円周にならび，リーダーの合図でいっせいにお手玉を投げます。円の中には，足をふみ込まないように注意します。
　　投げ終わったら，みんなで入ったお手玉の数を確かめ合いましょう。
㋺　バケツを2個，一直線上にならべて，3，4メートルはなれた所から，2組に分かれ，お手玉を投げます。早く，たくさん入れるように競争しましょう。
㋩　ふろしきを2人で持ちます。
　　そして別の子どもたちは，3，4メートルはなれた所に1列にならび，ひとりずつ順番にふろしきに向かって入れます。
　　受けとった瞬間，次のお手玉がとんでくるので，それを受けとめようとして，前に入っていたお手玉を落としてしまうことがあります。ここにおもしろ味があります。
　　これも，ふろしきを2枚用意して，2組で競争すればよいでしょう。
㋥　バケツなどの材料のない場所では，お手玉入れだけでなくて足の甲にのせて，落とさないように目標まで運んだり，また両足をぴったりくっつけてひざの間にはさみ，うさぎとびをして目標までいき，次の人と交代して競争してもおもしろいでしょう。

41 お手玉投げ

用意するもの　お手玉（数個）

【遊び方】

　直径1メートル50センチの円と，その中に直径25センチの円を4つかきます。4つの円には点数をかいておきます。

　大きな円から3，4メートルはなれて，お手玉を円の中に投げましょう。

　大きな円に入れば1点，小さな円では10〜40点とし，各円にかかれた点数がもらえます。

　お手玉は，おかあさんが古くなった着物や洋服のいらないものを使って，作ってみてください。

　こんな機会に，家庭で昔なつかしいお手玉遊びなどをして，楽しんでみましょう。

42 紙テープを使った遊び

用意するもの　紙テープ（1巻）

※紙テープは，50，60センチの長さに切っておきます。この遊びに参加する人数分だけ必要。

【遊び方】

　5〜10人を横隊にならべ，各人の手を紙テープ1本で結びます。（左手を結んだら，もう一方の端を右手に結ぶ）この遊びは，右手と左手を結んだとき，前にきている紙テープを後にまわす遊びです。リーダーの合図ではじめます。誰が切らないで後にまわすことができるでしょう。

　できた人は，リーダーの合図を待ってもう一度前にもどします。簡単にできたら，紙テープの長さを短くしていきます。柔軟性のある子どもは，両手がくっつくぐらい短くなっても，簡単にできます。

A 幼児と低学年

43 ボール拾い

用意するもの　ゴムまり（またはお手玉），紙袋（頭の大きさに合ったもの，かぶって下を向いてもすぐ落ちてこないもの5，6枚）

【遊び方】

　丸く輪を作り（人数に制限はありません），その中から数人を選び出します。

　輪の中に，ゴムまりまたはお手玉を散らしておきます。（数はできるだけたくさん。少なくとも1人に数個のわりあて）選び出された数人は，それぞれ袋をかぶります。

　そしてリーダーの合図で，いっせいに散らばったゴムまりを拾います。

　ゴムまりをたくさん使用することは，ちょっと困難かも知れませんが，ゴムまりを使用するにはわけがあります。ゴムまりはちょっとさわっただけで動くので，なかなか思うようにつかむことができません。

　持ちきれずに落としてしまうこともあります。だから，見ている人は応援をしてあげてください。（袋を持って，拾ったゴムまりを入れていく方法もあります）

　リーダーが，だいたいゴムまりのなくなったところを見はからって，ストップをかけ，拾ったゴムまりをみんなで数えます。

44 花さし競争

用意するもの ペットボトル（10本），草花（または木の枝10本）

【遊び方】

　1メートル間隔に5本のペットボトルをならべ，それを2列用意します。

　リーダーの「ヨーイ，ドン」の合図で片足とびをし，5本の花をペットボトルに1本ずつさしていきます。そして最後までいったら，また片足とびをして，さした花をとり，次の人に渡します。これをリレー形式で行います。

　草花や木の枝は，なるべく長く切っておいた方がいいでしょう。

　ペットボトルの口は小さいため，あせるとなかなか入りません。また片足でとんでいるため，ペットボトルがたおれやすくなります。

　ペットボトルからぬくときも，たおれないように注意しましょう。競争ですから，ついあわててしまいます。そこで失敗をしないように慎重にやります。

45 紙コップ遊び

用意するもの 紙コップ（1個），10円硬貨（2，3枚）

【遊び方】

　机の上に紙コップをおき，50センチはなれた所から10円硬貨を投げ，コップをたおさないようにして，中に入れる遊びです。

　紙コップは軽いので，硬貨が少しあたっただけでもたおれます。

　硬貨をまっすぐに投げて，コップへじょうずに入れるよう，工夫することで楽しく遊べます。

　友だちどうしで競争するのもいいけれど，たいくつなときに1人で遊んだり，こっそり入れる練習をするのも楽しいものです。

46 色紙遊び

用意するもの　色紙（20〜50枚），厚紙（15センチ四方，20〜50枚分）

※厚紙（15センチ四方）に色紙をのりではりつけたものを，20〜50枚作っておく。枚数は参加する子どもの数によって，増減させる。

【遊び方】

　色紙をバラバラ（同じ色がかさなったり，隣りあわせにならないように）にならべ，5〜10人の子どもを色紙の前に立たせます。そしてリーダーが「赤い色紙！」というと，子どもたちは急いで拾いにいく遊びです。

　子どもたちは，あわてているので赤色でなくもも色や，だいだい色を，拾ったりします。

　また，色紙カードを15枚ほど子どもに持たせて，リーダーが「赤」といったら，持っている中からさがし出して，手早く上にあげる……こんな方法もあります。

47 紙の筒くぐり

用意するもの　ハトロン紙（または新聞紙10枚），セロハンテープ（またはのり）

※まずハトロン紙を，子どもがやっとくぐることができるくらいの細長い筒にし，セロハンテープか，のりでしっかりはりつけておきます。これを10枚作ります。

【遊び方】

　紙の筒を10個，5メートル先にならべます。リーダーの合図で，10人の子どもは筒の所に走っていき，その筒を破らないように，頭から足（足から頭でもよい）へ早く通す遊びです。

　あせってしまうので，筒を破らず通り抜けるのは意外とむずかしいです。

　2人1組になり，お友だちに手伝ってもらい破らないようにしてもよいでしょう。

48 お手玉入れ

用意するもの お手玉（5個）

【遊び方】

　直径60センチから1メートルの大きさの円をかき，その円から5，6メートルはなれた所に，ラインをひきます。そして，ラインからお手玉を円の中へ投げます。

　5個のお手玉を全部入れたら成功。3個か4個の場合は，もう一息。1個か2個は失敗です。

　一度やってみて，入らなかった人は，こんどこそ入れてみたいと思うでしょうし，一個でも入れられた人は，もっと成功するように投げたくなり，だんだんおもしろく，楽しくなってきます。

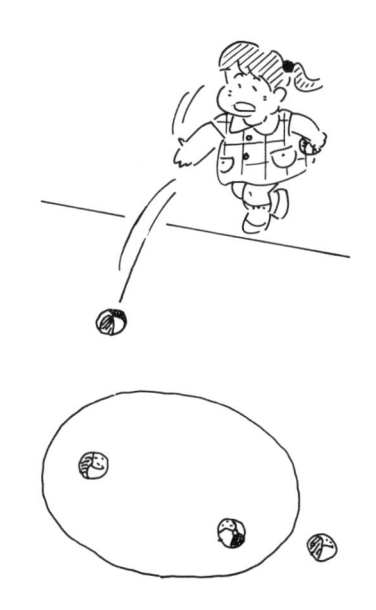

49 たいこゲーム

用意するもの 棒（けずってない鉛筆2本），紙袋（頭のすっぽり入るもの2枚），たいこ（おもちゃのたいこ2個）

【遊び方】

　子どもを2列にならばせます。

　先頭は紙袋をかぶり，棒を持って用意します。そして，リーダーの合図でたいこをさがしながら進み，2，3回打ちます。打った人は紙袋をとり，次の人に渡して交代します。

　これは，自分1人ではなかなかできません。見ている人が声援してあげましょう。

A 幼児と低学年

50 けいさん遊び

用意するもの　厚紙

※15センチ四方の厚紙を作り，表と裏に1～25までの数字をかいたものを5組ずつ作ります。（参加者が多いときは，10組100枚ぐらい用意しましょう）

【遊び方】

　カードを床か地面にバラバラにならべ，その周囲に参加する子どもをならばせます。

　リーダーが全員に向かって，「35を作ってください」などと数字を指示します。

　声がかかったら，すぐカードを拾って計算しながら，リーダーへとどけます。早くて計算の合っている人が勝ちです。

　また，これと同じような遊びに，アイウエオ遊びがあります。

　カードにひらがなで五十音をかいたのを2，3組ずつ用意し，その中から言葉やものの名前を拾います。

　小学校の高学年以上でしたら，「夏に咲く花」とか，「海草」というように，考えてさがすものを出題すればいっそう興味がわくでしょう。

51 自然観察ゲーム

用意するもの 厚紙，細ひも

※厚紙を縦15センチ，横10センチに切り，そのカードの上の方に，細ひもを通しておきます。
　コースの道のりや，木の種類，子どもの年齢に応じて，カードの枚数を増減させます。
　カードには，「この花の名まえは？」とか「この木は実がなるでしょうか？」「この木は何科に属しますか？」というような，質問形式のものをかいておき，みんなが歩くコースの木や草に，結んでおきます。

【遊び方】

　休みには，高原や山へ出かける人もいるでしょう。
　そういう機会を利用して，植物の名まえや生態を覚えるゲームです。
　リーダーは，だいたいのコースを前もって歩いてみて，どんな木や草があるかを，調べておきます。
　みんながそのコースを歩いてカードの質問を読み，ノートに答えをかきます。
　全員がコースを歩き終わったら，木陰にでも集まって答えを発表します。カードには番号を打っておくと，整理しやすいでしょう。
　また，わかりにくい道やまがり角には，案内カードをとりつけておきましょう。
　そして，むやみに花をつんだり枝をおらないように，あらかじめ注意しておきます。
　また，子どもたちの最後にはリーダーがついて，迷子の出ないように気をつけることもお忘れなく。

A　幼児と低学年

52　貝さがし

用意するもの　ハマグリ，アサリ，シジミなどの貝がら

※貝のはなれているものは，接着剤でくっつけて，生きている貝のようにしておき，砂場に先生があらかじめ貝をうめておきます。

【遊び方】

　10人を1組ぐらいにして，貝ひろいをはじめます。各人が拾った貝を順番に先生の所に持っていき，名前を聞きます。そのうちに，貝の名前は聞かなくても，しぜんにわかるようになるでしょう。

　そうしたら今度は先生が，「さあシジミをできるだけたくさん拾いましょう」といって競争させます。シジミ以外の貝を拾っても，数には入れません。

　さあまちがえないように，先生の示した貝だけをとりましょう。

53　砂遊び

用意するもの　ブロック（12個），砂（適当量），ビニールまたはむしろ（砂場をおおうことのできる大きさ，1メートル四方くらい），ビニール管（太いもの30センチ），ビー玉，貝がら

【遊び方】

　ブロックで周囲をかこんだ砂場に，貝がらとビー玉，ビニール管を入れます。

　幼児はその砂場で絵本などで見たことのある潮干狩りを，庭先で体験できます。管にビー玉をころがせば，トンネルの中を汽車が走りぬけるような感覚を味わうかもしれません。この砂場は，1メートル四方の小さなものなので簡単に取りつけられ，家の人も安心です。

　夜つゆや雨で，砂がしめらないように，ビニールやむしろでおおいましょう。

54 電車遊び

用意するもの 新聞紙（大判1枚），セロハンテープ

※新聞紙を広げ，幅5センチ，長さ1メートル80センチぐらいになるよう，4枚に切ります。
　1枚で輪を作り，もう1枚は輪にくぐらせ，鎖状にしてセロハンテープでとめます。この鎖を2組作ります。

【遊び方】

　2人ずつ組になり，2列にならびます。
　10メートルほどはなれた所に，目標を立てておきます。
　鎖の中に1人ずつ入り「ヨーイ，ドン」の合図で走り，輪を切らないようにして目標をまわり，出発点で次の人と交代します。
　輪を切ったら出発点にもどり，新しい輪ととりかえ，もう一度走ります。
　また，先頭のお友だちに，ドッジボールを運ばせるのもおもしろいでしょう。
　2人が助け合って走る姿はほほえましく，ボールを落としたとき，2人の気持ちが合っていないと，輪も切れてしまうため，おもしろくできます。
　また，5人用の鎖を作り，全員を中に入れて競争してみたらどうでしょう。2人で気持ちを合わせることは簡単ですが，さあ5人ではどうでしょう。

A 幼児と低学年

55 動物さがし

用意するもの 厚紙（7センチ四方のもの46枚）
※カードにあいうえおの五十音文字を，大きく油性ペンか墨でかいておきます。

【遊び方】
　カードの中から，最初は2文字でできる動物の名前をできるだけたくさん選び出し，子どもにならべさせる遊びです。
　子どもたちは「次はどんな名前の動物かしら？」「ぼくの知っているのだといいのにな」などとますます熱中します。
　2文字の次は3文字のもの，4文字のものと，だんだん字数をふやしていきます。
　最初のうちは簡単に正しくならべられますが，だんだんむずかしくなり，よほど動物の名前を知っていないとできなくなります。
　こうして遊びをくり返しているうちに，家庭や動物園にいる動物にも興味を持ち，動物の名前を覚え，そのうえ文字への関心が高まるかもしれません。

56 交差点遊び

用意するもの　紙袋（頭のすっぽり入るもの2枚），チョーク（1本）

【遊び方】

　運動場または床にチョークで，幅60センチの十字路をかいておきます。

　2組に分けて十字路に向かい合って立ち，紙袋をかぶり，リーダーの合図で出発します。

　お互いに交差点を右にまわり，目的地に向かいます。

　目的地についたら紙袋をとり，次の人の所に持っていきます。

　つまり，紙袋をかぶっている人は，何も見えず，目的地がわかりません。そこで，まわりにいる人たちが自分の組の人を声援するのです。

　この遊びは，見ている人の声援によってはじめて，遊びを進めることができます。

　「○○君，右/」「××さん，左/」とうまく声援を送れば，とてもおもしろくできます。

　白線から出たら，もう一度出発点にもどり，やりなおしです。

　交差点におもちゃの自動車などをおいて，「危ない，右/」などとリードさせてやるのもよいでしょう。

A 幼児と低学年

57 輪くぐり遊び

用意するもの　ビニールホースの輪（またはおけ，たるのタガ。子どもがらくにくぐれるくらいの大きさのもの3個），竹ざお（4メートルのもの1本），ひも（強いもの）

※竹ざおに3個のビニールホースの輪を，ひもで地面より60センチ上ぐらいの所にぶらさげます。（身長差を考え高さを変えるとよいでしょう）竹ざおは，危険のないように，しっかり固定しておきます。

【遊び方】

用意ができたら参加者を2組に分け，リーダーの合図で輪をくぐります。

輪をくぐるとき頭から入ったり，足をかけたりして一生懸命になるのですが，輪が動くため，なかなか思うようにいきません。やっている人も見ている人も楽しめます。

なお，ひもを紙テープにかえ，切らないようにくぐらせるのもおもしろいでしょう。

58 時計遊び

用意するもの　厚紙

※模型の時計を2個作り，針はよく動くようにしておく。

【遊び方】

2組に分けて競争させます。

時計を壁か板にはりつけたら，ラインを5メートルはなれた所にひきます。

2組に分かれてラインの後にならびます。リーダーが，出発する子どもに「××ちゃんは10時」「○○ちゃんは8時」と指示します。

子どもがまちがえないように時間を示すことができたら，帰って来て次の人と交代します。時間をまちがえた組は次の人が走っていって，正しい時間になおします。

また別に，1番の子どもから順番に1時，2時，3時と針を進ませてもよいでしょう。

47

59　輪の陣とりごっこ

用意するもの　ビニールホース（1メートルと3センチの長さのもの）

※短いビニールホースに切りこみを入れて割き，端から固く巻いて長いビニールホースの両方の穴にねじこんで輪にし，セロハンテープでとめます。

【遊び方】

作った輪を散らして，ところどころに置きます。

その輪の中に1人ずつ入って立ちます。

「かわって！」の合図で，全員が別の輪に移ります。「かわって！」の合図に合わせて，輪から輪へ移動しましょう。

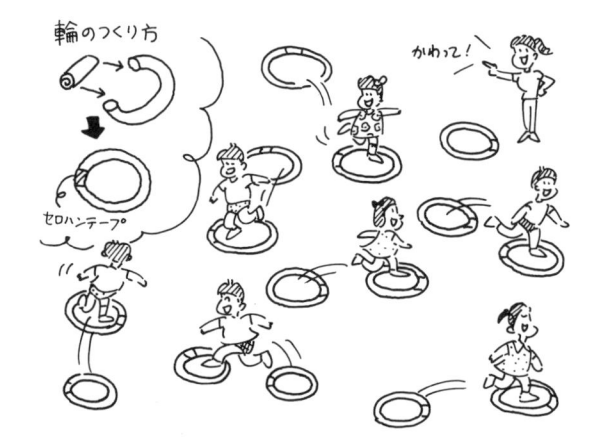

60　数をきいて陣とりごっこ

用意するもの　「輪の陣とりごっこ」と同じホースの輪

【遊び方】

輪を散らして置きます。そして，輪の中に1人ずつ入って立ちます。

「2！」の合図で，立っている輪から「いち，に」と数えて移動し，2つ目の輪に入って立ちます。合図が「7！」であれば6つの輪の中を次々と移動していき，7つ目の輪に立つようにします。合図は数を多くしたり，少なくしたりすれば，遊びが楽しくなって参加者も夢中になります。

A　幼児と低学年

61　複数で陣とりごっこ

用意するもの　「輪の陣とりごっこ」と同じホースの輪

【遊び方】

輪を適当に散らして置きます。

それぞれの輪に2人ずつ，片足を入れて立ちます。そして「かわって！」の合図で，2人は手をつないで別の輪へ移動します。「バラバラ！」の合図で，2人は別れて，別々の輪に移動します。「元に戻って！」の合図で2人は合流し，1つの輪に入ります。

3つの合図を聞き分けて移動しましょう。いろいろな人と出会えて楽しめます。

62　両足で輪とび

用意するもの　「輪の陣とりごっこ」と同じホースの輪

【遊び方】

輪を1列にくっつけて並べます。輪から輪へ，両足とびで1つずつとんでいきましょう。

次に1つおき，2つおき，3つおきでもやってみましょう。

並べる輪の数を多くして，できるだけ長い距離にすると楽しいです。

63　ケンパー輪とび

用意するもの　「輪の陣とりごっこ」と同じホースの輪

【遊び方】

図のように輪を並べます。

両足とび，片足とびを繰り返しながら，ケンパーの要領で輪をとんでいきましょう。

B ゴムまりを使用した遊び

64 ボールとり

用意するもの ゴムまり（2個），新聞紙（大判のもの2枚）
※新聞紙を幅30センチに長く切り，のりづけして約3メートルの長さにします。

【遊び方】
　新聞紙のテープの端にボールをのせ，紙をたぐって手もとによせます。このとき，ボールが紙の外にころがり出ないようにして拾いあげます。紙を強くひっぱると，ボールは外に出てしまいます。
　2組で競争するとおもしろいです。
　家庭でも，畳の上で簡単にできます。

65 ボール入れ(1)

用意するもの 物干しざお（1本），麦わら帽子（1個），ゴムまり（2個），ひも（60～70センチのもの1本）
※帽子は穴をあけ，ひもを通します。

【遊び方】
　ひもをつけた帽子をさおにつるし，さおの両端は木の枝にかけるか，2人で持ってささえます。
　帽子から約2メートルはなれた所からボールを投げ入れる遊びです。
　横から投げれば，ひさしがじゃまになります。ひさしにあたって入るかと思えばその反動で帽子がゆれ，うまくいきません。
　真上をめがけて投げれば，さおがじゃまになります。そこで子どもたちはいろいろと投げ方を工夫します。

66 ボール入れ(2)

用意するもの 家庭用プール、洗面器（1個）、ゴムまり（5個）

【遊び方】

　家庭用プールに水をいっぱい入れ、その中に洗面器を浮かせます。家庭用プールから、2メートルほどはなれた所からボールを投げ、洗面器の中にうまく入れる遊びです。

　洗面器は水の上にゆれて浮いているため、ねらいが定まりません。

　また、洗面器の中にゴムまりが入っても、はずんで外に出たりします。さあ、どうしたらうまくできるのでしょう。

　この遊びは夏向きの遊びで、ちょっとした庭先で簡単な準備をすれば、すぐ遊べます。

　直球で洗面器に入れたり、ワンバウンドで入れたり……そこはみんなで考え、どちらでやってもよいでしょう。

67 ボール投げ遊び

用意するもの 新聞紙（大判1枚）、ゴムまり（2個）、ひも（3メートルのもの1本）

※新聞紙の真ん中に、直径30センチの穴をあけます。新聞紙の上を3センチほど折りまげ、そこにひもをはさみ、セロハンテープでとめておきます。

【遊び方】

　新聞紙をつるしたひもの両端を、2人でしっかり持ちます。新聞紙の高さは、投げる人の肩の高さに合わせます。

　5メートルぐらいはなれた所からボールを投げ、うまく穴を通ればよいのです。

　室内外でもできる遊びです。

68 お月さまあて

用意するもの ゴムまり（10個），厚紙，ひも

※厚紙で直径25センチのお月さまを2枚はりあわせて，上の方に穴をあけ，長さ50センチのひもをつけておきます。

【遊び方】

　お月さまをひもに結びつけ，宙づりにします。（鉄棒，物干しざおなどにぶらさげてもよい）

　この遊びは，5メートルぐらいはなれた所から1人5個ずつボールを投げ，お月さまにあてる遊びです。

　ボールが外に出ないように，見ている人は丸く円を作ります。

　また，ひものかわりに紙テープを使い，ボールをあててお月さまを落とす遊びもよいでしょう。

69 鉛筆たおし

用意するもの ゴムまり（2個），鉛筆（けずってないもの2本）

※新しい鉛筆を，ビールかジュースのセンに接着剤でまっすぐに立つようにつけたものを2組作ります。

【遊び方】

　参加者を2組に分け，出発点から2，3メートルはなれた所に2本の鉛筆（センの上につけて立てやすくしたもの）を立てます。隣りとの間隔は，約1.5メートルがよいでしょう。

　この遊びは，ボールをリーダーの合図で，ころがして鉛筆をたおす遊びです。

　ボールをまっすぐにころがしたつもりでも，横にそれたりして鉛筆にはあたりません。鉛筆をたおしたら次の人と交代をし，競争で遊びましょう。

70 ボール通し

用意するもの ゴムまり（2個），おりたたみのイス（1脚）

【遊び方】

　3，4メートル先にイスをおきます。まず最初は，こしかける方をラインの方に向けておきます。

　ライン内側から，ボールをワンバウンドさせ，イスの背もたれの下の，あいている所に通す遊びです。投げる位置，角度，強さ（スピード）を考えないと，なかなかできません。

　こしかける方をラインに向けて，ボールをうまく通すことができるようになったら，こんどは反対に，背もたれをラインの方に向け，やはりワンバウンドでボールを投げて背もたれの下の穴に通すように投げます。

　こんどは最初よりも，もっとむずかしくなります。何回もやってみましょう。

C ボールを使用した遊び

ボールの生かし方

　ボールを投げあう……それが広場であったら、また部屋の中であったら、どのようにして使うか……ボールの生かし方が、ゲームを楽しくさせます。
　1個のボールが、投げる人、ころがす人によって、遠くへ、近くに動いていく。
　ボールは思うように動かないので、何とかしようとやる気がおきて、おもしろくなる。
　このボールを、あきかんと組み合わせると、遊びは一段と発展する。そこに、応用に対する知恵が育つ……ボールを動かすことは、楽しいものです。

71　ボール送り(1)

用意するもの　ボール（ドッジまたはバレーボール2個），ゴムまり（2個）

【遊び方】

　スタートラインから、5、6メートルはなれた所にゴールのラインをひいておきます。
　まず、ボールをスタートラインにおいて、ゴムまりを投げて、ボールをゴールまで送る遊びです。
　ボールになかなかあたらない。また、あたってもなかなか前に進んでくれません。
　そこにこの遊びのおもしろさがあります。
　ボールのどこにあてたら、たくさん進めることができるか……などという命中のしかたとか、投力などを考えたり、工夫してやってみましょう。

C ボールを使用した遊び

72 ボール送り(2)

用意するもの ボール(ドッジまたはバレーボール2～5個),新聞紙(大判4～10枚)
※新聞紙2枚を2つに折って,これを細い棒状になるように巻き,その先端をセロハンテープで巻いて紙の棒を作ります。

【遊び方】

2～5組に分けて1列にならばせ,各組にボールと紙棒を渡します。各組から10メートルぐらいはなれた所に目標を決めます。

この遊びは紙棒でボールをころがし目標を1周して次の子どもと交代するものです。

早く終わった組が勝ちです。リレー形式にせず,全員を一直線にならべて,競争をしてもよい。

この遊びは,力を入れすぎると紙の棒が折れるので,工夫しないといけません。

73 ボール投げ

用意するもの ボール(ドッジまたはバレーボール2～5個),紙テープ(1巻)
※ボールを紙テープで落ちないように十字に結びます。結び目からの紙テープの長さは約50センチ。

【遊び方】

片手に紙テープを持ったら,ボールをふるようにして反動をつけ,テープを手からはなして,遠くへ投げる遊びです。

投げるときのボールのふりかげんによって,紙テープが切れてしまいます。ふり方,投げ方を考え,工夫しましょう。

遠くへ投げようとするとすぐ切れてしまい,失敗するので,おもしろ味が加わります。

広場で遠くへ投げ合って遊ぶと楽しめます。

74 ボールの塔作り

用意するもの ボール（ドッジまたはバレーボール10個），厚紙

※厚紙は縦10センチ，横40センチに切り，両端をセロハンテープでとめて紙の筒を作ります。これを，10個用意する。

【遊び方】

5名1組のグループを2組作ります。

出発点より5メートルはなれた所に，丸い輪（直径30センチ）を2つかきます。輪の間隔は約1メートル（おとなの場合は，机などを2つ用意し，その上にのせるとよい）

この遊びは，リーダーの合図で各人がボールと紙の筒を持って輪の所まで走り，輪の中に筒をおき，その上にボールをのせ出発点にもどり，次の人と交代します。

それぞれが，紙の筒とボールを1個ずつ持って早くボールの塔を作る遊びです。4，5段目になると，のせにくくなります。

75 ボールけり(1)

用意するもの ボール（ドッジまたはバレーボール2個），紙テープ（1巻）

【遊び方】

2組に分け，それぞれ70センチの長さに切った紙テープで，両足を結びます。スタートラインから5メートルの所に目標を決めます。各組ともラインの上にボールをおき，リーダーの合図で先頭の人はボールをけり出して目標をまわりもどります。足がテープで結んであるので思うようにはいきません。一方の足に力を入れると一方がブレーキになり，テープがプツリ／ と切れてしまうこともあります。切れたテープはつなぎ合わせ，その場からはじめます。切れるほど短くなってやりにくくなります。

76 ボールけり(2)

用意するもの　ボール（ドッジまたはバレーボール1個），ジュースのあきかん（1個）

【遊び方】

　ジュースのあきかんの上にボールをのせて，出発点から3メートルほどはなれた所におきます。この遊びは，片足とびでボールの近くまでいき，軸になっている足でボールをけり落とすものです。

　床についていない足でけり落とすのは簡単です。しかし，床についている軸足でけり落とすのはたいへんです。

　簡単なようですが考えないとできません。かんが倒れないようにけるコツをみつけることです。

　この遊びは，おとながやっても，子どもがやってもおもしろいものです。

　エネルギーのありあまったような子どもは，きっとかんの上にのったボールを，とびこしてしまうでしょうし，何も考えないでやる子は，かんとボールを同時にけってしまうでしょう。

　一度目は失敗しても，二度目には失敗を生かして，きっとうまくできるでしょう。

77　鉛筆ボール遊び

用意するもの　ボール（ドッジまたはバレーボール2個），鉛筆（4本）

【遊び方】

　参加者を2組に分け，リレー形式にします。

　まず，2本の鉛筆の端を両手でしっかりにぎり，両手を前に出します。そして2本の鉛筆の上にボールをのせて，リーダーの合図で競争するのです。

　目標は，リレー形式の場合は約7，8メートル。ボールを落としたら自分で拾ってのせ，その場所から走り出します。

　ボールをのせるとき，あわててしまうのでなかなか鉛筆の上にのりません。

　ボールをたくさん使う場合は1列にならび，一度に10人ぐらいでやってみましょう。

78　ボールころがし(1)

用意するもの　ボール（ドッジまたはバレーボール2個），チョーク（1本）

【遊び方】

　床にチョークで，幅30～50センチ，長さ7，8メートルぐらいの平行線を2組かきます。

　出発点に2組に分かれてならび，合図と同時にボールを平行線から出ないように片手（きき手）でころがしていく遊びです。

　競争心がわき，あわてて力を入れたりするので，ボールが線から外に出たりします。その場合は，もう一度出発点からやりなおしです。

　手のほかに，足でけっても楽しめます。

79 ボールころがし(2)

用意するもの ボール（ドッジまたはバレーボール2個），チョーク（1本）

【遊び方】

中心を同じにして大・中・小の円をかきます。直径は小さい真ん中の円が50センチ，次が80センチ，外側の大きい円は110センチにします。

そして外側の円から，約1メートルはなれた所にラインをひきます。

この遊びはライン上に置いたボールを合図で円に向かってころがし，円の中心に入れたら10点，その次の円では8点，3番目の円では6点……というように，ボールをころがして点をとる遊びです。

80 おぼんのボール落とし

用意するもの ボール（ドッジまたはバレーボール1個），古いおぼん（1枚），ゴムまり（2個），ひも（少々）

※おぼんにかけたひもがはずれないように，底の部分をセロハンテープでとめておきます。

【遊び方】

おぼんの両端をひもでつり，その上にはボールをのせます。そしておぼんから，4メートルはなれた所からゴムまりを投げ，おぼんの中のボールを落とす遊びです。

ゴムまりがなかなかボールにあたりません。5，6回やってもだめなときは，間隔を少しずつ短くして投げてみます。

落ちついて正確に目標をねらい，ゴムまりを投げましょう。

家庭や友だちどうしで，競争するのも，おもしろいでしょう。

81　紙テープ遊び

用意するもの　ボール（ドッジまたはバレーボール2個），紙テープ（2巻）

【遊び方】

　子どもは2列にならび両足首を紙テープで結びます。結んだ両足の間は15センチぐらいたるませておきます。

　「ヨーイ，ドン」の合図でボールをつきながら，テープを切らないように目標をまわってきます。出発点にもどったら，ボールを次の人に渡し，リレー形式で遊びます。

　2つの動作を同時に行なうのはむずかしく，ボールに神経が集中すると足のことは忘れ，足に注意すると手が動きません。

　テープが切れたときは，そのままつなぎます。テープが短くなり，歩きにくくなるためおもしろくなります。紙テープが結べなくなったら，とりかえましょう。目標までの距離は，7，8メートルがよいでしょう。

82　ボール遊び(1)

用意するもの　ボール（ドッジまたはバレーボール2個），ペットボトル（10本）

【遊び方】

　ペットボトルを1メートルの間隔で5本ならべます。（これを2列作る）出発点は，最初のペットボトルより2メートルはなれた所にします。

　2組に分かれ，先頭の子は，リーダーの合図でボールをけりながら，各ペットボトルを1周しながら目標まで行き，帰るときはボールを持って出発点にもどります。

　ペットボトルをたおしたら，最初からやりなおしです。※風の強い日などは，ペットボトルの中に少し砂を入れましょう。

C　ボールを使用した遊び

83　ボール遊び(2)

用意するもの　ボール（ドッジまたはバレーボール2個），棒（竹また木の棒1メートルのもの4本）

【遊び方】

　参加者を2組に分けてリレー形式にします。2人1組で竹の棒を持ちます。このとき，2本の棒の真ん中にボールをのせ，目標をまわって出発点にもどり，次の人と交代します。棒の高さは，両手をいっぱいに下げた位置がよいでしょう。

　棒の上にのったボールは不安定ですから走るたびにとび上がったり，前後に動いたりします。

　2本の棒の幅が広くなりすぎたり，狭くなったりするとボールは落ちてしまいます。この場合，リーダーまたは自分の組の人に拾ってもらい，競争を続けます。

84 ボール遊び(3)

用意するもの　ボール（ドッジまたはバレーボール2個），ジュースのあきかん（2個），板（厚さ2センチ，幅5センチ，長さ50センチのもの2枚）

【遊び方】

　2列にならび，リレー形式で行います。

　板の先端にあきかんと，その上にボールをのせたものをおいて，板をしっかりと両手で持ちます。

　ボールを落とさないように5メートル先の目標をまわって出発点にもどり，次の人と交代します。

　ボールが落ちたらすぐその場で拾い，競技を続けます。

　早く走れば走るほど，あきかんの上のボールは安定を欠き，落ちやすくなります。しかし，ゆっくり走っていたのでは，なかなかはかどりません。さあ，ここがおもしろいのです。

　落とさないように……と力いっぱい板をにぎる。でも力を入れすぎるとかえってボールが落ちやすくなりますよ。

C　ボールを使用した遊び

85　ボール遊び(4)

用意するもの　ボール（ドッジまたはバレーボール2個），ペットボトル（12本）
【遊び方】
　出発点から2メートルほどはなれた所に，ペットボトルを1メートル間隔で一直線上に6本ならべます。これを2組作ります。
　2組に分かれ，リーダーの合図でペットボトルの間をボールを，片足で蛇行状にけっていき，最後のペットボトルが終わったら，ボールを持って出発点にもどり，次の人に渡して交代します。
　途中でペットボトルがたおれたら，もう一度出発点にもどってやりなおしです。
　ボールをけるときに慎重にけらないと，ペットボトルをたおしたり，一度に2本通過してしまったりします。あわてず，じっくり落ちついてやりましょう。

　　　　　　　　　　　※風の強い日などは，ペットボトルの中に少し砂を入れて
　　　　　　　　　　　　たおれにくくします。

86　ボール遊び(5)

用意するもの　ボール（ドッジまたバレーボール2個）
【遊び方】
　直径5メートルの円をかき，その円より約5メートルはなれた所からボールをころがして円の中に入れる遊びです。
　5回ぐらいずつころがし，何回入ったかを「○○ちゃん，何点」「××君，何点」と点数形式で競争すると楽しく遊べます。
　ボールをコントロールするのに，子どもはあれこれ工夫します。

87 ボール遊び(6)

用意するもの ボール（ドッジまたはバレーボール2個），新聞紙（大判のもの8枚）
※新聞棒は，新聞紙を長さ30センチほどにしてできるだけ固く巻き，セロハンテープでとめます。（竹の棒でも，木の棒でもよい）

【遊び方】

　2組に分かれて列を作り，出発点より5メートルはなれた所に目標をおきます。リーダーの合図で，2人はそれぞれ2本ずつ持った棒でボールをはさみ，目標に向かって進み，目標をまわって出発点にもどってきます。

　出発点では次の走者が棒を2本持ち，運ばれたボールをそのまま棒で受け継ぎ，出発します。

　途中でボールが落ちた場合は，棒ではさんで拾いあげます。

　紙の棒で行うときは，あまり力を入れるとボールの重さと両手の力のバランスがくずれて落ちてしまいます。

C　ボールを使用した遊び

88　親子ボールの競争

用意するもの　ボール（ドッジまたはバレーボール2個），ゴムまり（2個），厚紙
※厚紙の輪は，幅5センチぐらいの厚紙をゴムまりがやっとのるぐらいの輪にし，ホチキスかセロハンテープでとめておきます。

【遊び方】

　この遊びは，ボールの上に厚紙の輪をのせ，その上にゴムまりをのせて2人が片手でこのボールを肩の高さでささえ，目標をまわってきて次の人に渡す……といったふうに，リレー形式でする遊びです。

　ちょっと走りすぎると，ボールがゆれて上のゴムまりが落ちてしまいます。

　ゴムまりが落ちたら，あいている方の手で拾い，輪の上にのせて遊びを続けます。

　つねにボールを安定させ，そして2人の気持ちを合わせて運ばないとなかなかうまくいきません。

　さあ，次の友だちが待っています。どちらが早いか，競争しましょう。

89 ボウリング

用意するもの ボール（ドッジまたはバレーボール1〜3個）

【遊び方】

　直径1メートルぐらいの円をかき，その中にできるだけたくさん子どもたちを入れます。

　円から5メートルほどはなれた所からボールをころがし，中の人をあてる遊びです。

　中の人はあたらないようにするため，とびあがったり足をひらいたりします。

　ボールがあたった人，ころんだ人，円から外に出た人は失格ですから，円の外に出ます。

　何回もやっているうちに，円の中の人は少なくなります。

　少なくなるとなかなかあたりません。そこで，ボールをころがす人を2倍ほど増やします。

　最後まで残った人は，とても運動神経の発達した人です。

　この遊びは，もう1つの方法でも遊べます。

　円の中に入れる人数を決め，ころがす人は1人5回と決めます。

　そして5回すんだら，円の中と外の人は交代します。（紅白に分かれて，円の中に残った人数を得点表にかき，どちらが強いか競争します）

C　ボールを使用した遊び

90　ボールひき

用意するもの　ボール（ドッジまたはバレーボール2個），紙テープ（1巻），木板（40センチ四方のもの2枚）

※木板に穴をあけるかくぎをうち，長さ1メートルの紙テープを，穴またはくぎに結びます。

【遊び方】

　ラインから5，6メートル先に目標を決めます。

　ボールを板の上にのせて紙テープの先を持ち，ボールを落とさないように目標まで行きます。帰りは板を手に持ち，もう片方の手でボールをころがして出発点にもどり，次の人と交代する遊びです。

91　まり通し

用意するもの　ボール（ドッジまたはバレーボール2個），竹ざお（直径10センチ，長さ1メートルのもの2本，1.5メートルのもの2本），さかな網（2本）

※さかな網の底をボールが通るように切り，図のように，1.5メートルの竹ざおに結びつけます。竹ざおは，腰掛けか鉄棒に固定させます。

【遊び方】

　参加者を2列にならべます。出発点より5メートルはなれた所に，網が先についた竹ざおをおき，1メートルの間隔をあけ，もう1つ同じものをおきます。

　合図で竹ざおの先にまりをのせ落とさないように運び網の中に通します。

　早く走ればまりが落ちてしまうし，網へ通すときに竹ざおを高くしてななめにすると，網の外に落ちてしまい，うまく通せません。

92 ボール遊び⑴

用意するもの　ボール（ドッジまたはバレーボール2個），厚紙（12センチ幅のもの各自1枚）

※厚紙は子どもたちに好きな色をぬらせたり，絵を描かせ，各自の頭に合わせて両端をとめ，輪を作ります。これは製作する喜びと，遊びの楽しさをねらったものです。

【遊び方】

　5, 6メートル先に目標をおき, 各自, 頭に輪をかぶり, 輪の上にボールをのせ, 落とさないように目標をまわって出発点にもどります。

　運ぶ途中, ボールに手を触れないこと。でももし落としたら, その場で拾って運びます。

　紅白2組に分かれて競争すると競争心が出るため, ゆっくり歩いていられません。だから, つい走りたくなる, でも走ればボールが落ちそうになる……といったぐあいですから, 頭を十分安定させないといけません。

93 ボール遊び(2)

用意するもの　ボール（ドッジまたはバレーボール2個），紙テープ（1巻）
【遊び方】　各組10名ずつが2列にならび，2人1組になります。

　まず，2人がならんだときに隣りあう手首を紙テープで結びます。（これは参加者全員に準備させます）

　この遊びは，2人が紙テープで結ばなかった方の手で，用意したボールを持って支え，落とさないように目標をまわって，次の人に渡して交代をする遊びです。

　途中でボールが落ちたら，その場で拾って走ります。

　ボールを拾うときに，結んだテープが切れると失格です。

　おもしろいけれど，少しむずかしい遊びです。

　ボールを持っているのが自分の手と他人の手ですから，感覚がわからず落としやすくなるのです。また，自分の手と他人の手でボールを持って走る姿はぎこちなく，おもしろみがあります。

94　ボール落とし(1)

用意するもの　ボール（ドッジまたはバレーボール1個），紙テープ（1巻），ゴムまり（2個）

※ボールを紙テープで落ちないように十文字にしばり，しばり目をセロハンテープではります。そして紙テープは50センチの長さを残して切ります。

【遊び方】

　ボールを物干しざおか，木の枝につるします。ボールの高さは地上1メートルぐらいの所がよいでしょう。

　4，5メートルはなれた所にラインをひき，そこからゴムまりを投げてつるしたボールにあてて落とす遊びです。

　ゴムまりを紙テープにあてて，ボールを落とした場合には失格です。

　ボールにもなかなかあたりませんが，落とそうとする心理が高まり，ますます熱中してきます。ストライクをねらって競争してみましょう。

95　ボール落とし(2)

用意するもの　ジュースのあきかん（1個），ボール（ドッジまたはバレーボール1個），ゴムまり（2個）

【遊び方】

　ジュースのあきかんの上に，ボールをのせ，そこから4メートルはなれた所にラインをひきます。この遊びは，ゴムまりを直接かんの上のボールにあてて落とすのです。（バウンドさせず直球を投げる）

　ジュースかんをたおした人は失格で，もう一度やりなおしです。さあ，どこをねらったらいちばんうまくいくでしょう。

C　ボールを使用した遊び

96　ボール落とし⑶

用意するもの　ボール（ドッジまたはバレーボール1個），ゴムまり（2個），ジュースのあきかん（1個）

【遊び方】

　ジュースかんの上にボールをのせておき，2メートルほどはなれた所にラインをひきます。

　この遊びはゴムまりをワンバウンドで投げて，2メートル先のボールにあてて落とす遊びです。ボールを落とすことができても，ボールの下にあるジュースかんをたおしてはいけません。

　この遊びには，角度，位置，スピードの3つが大切です。まず，はじめに，2メートルはなれた位置にボールだけをおき，何回もゴムまりを投げる練習をしてみるとよいでしょう。

97 浮き袋遊び

用意するもの　ボール（ドッジまたはバレーボール2個），浮き袋（子どもが使用するもので，ゴム製でも，ビニールでもよい。各人1個）

【遊び方】

　プール，水そうなどにボールを浮かべて，約3メートルの所から浮き袋を投げます。

　チームは2組に分けて各自に浮き袋を持たせます。そしてリーダーの合図でいっせいに始めます。

　この遊びは，浮き袋がボールにスッポリとはまれば成功で，たくさんはまった組が勝ち，というように遊びを進めてもよいでしょう。

　海辺や川辺で遊ぶときは砂を小高くして，その上にボール（スイカでもよい）をのせて浮き袋を投げて遊んでも，楽しいでしょう。

注）リーダーの他にも，危険がないように大人の人が必ずつきそって下さい。

C　ボールを使用した遊び

98　ボール通し

用意するもの　ボール（ドッジまたはバレーボール2個），イス（1脚）

【遊び方】

　ラインを1本ひき，その3～4メートル先にイスをおきます。

　ボールをころがして，うまくイスの下のあいている所に通してみましょう。

　間が狭いので，よくねらわないところがし方がむずかしいですよ。

　強くころがせば，イスの脚にあたってはねかえってきたり，ちょっと力をぬくと，イスの所まで行かないで，よそにころがってしまいます。

　力の入れ方，ころがす方向，場所などを考えて練習すれば，簡単に通すことができるでしょう。

D ピンポン玉を使用した遊び

ピンポン玉の持つ魅力

ピンポン玉を床に落とせば、きれいな高い音を出してはずみます。

また、投げてみれば、かなりのスピードでとばすこともできます。そこにピンポン玉のよさがあります。

たとえば、ロープにはりつけた新聞紙めがけてピンポン玉を投げ、新聞紙を破り通す遊びはどうでしょう。

投げるときに力を入れすぎればカーブし、的の新聞紙にはあたりません。また、ゆるく投げれば目的までいかなかったりして、なかなかうまくいきません。そうなるといっそう熱を上げて、やる人も見る人も一生懸命です。

ピンポン玉を使う遊びは卓球だけではありません。ちょっとした場所で力いっぱい投げるだけで全身運動ができるのです。

ピンポン玉を遠くに投げる、さあ……遠くに投げれるだろうか。チョットした工夫が遊びを楽しくさせます。

99 コップにピンポン玉入れ

用意するもの 紙コップ（1個），ピンポン玉（2個）

【遊び方】

机の上に紙コップをのせ、そこから10センチ手前へ直径5，6センチの輪をかきます。

この遊びは、ピンポン玉を輪の中ではずませて、紙コップの中に入れるのです。

ピンポン玉は、ちょっと力を入れるだけで大きくはずむため、思うようにいきません。ピンポン玉を投げるとき、力の入れ方を考えましょう。力を入れたり、ぬいてみたり、さあ、どうしたらうまくいくでしょう。

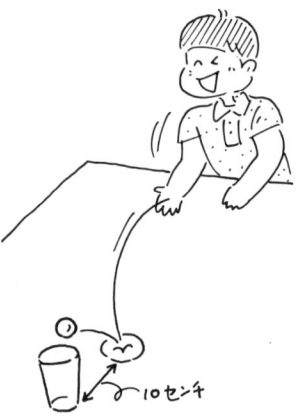

D　ピンポン玉を使用した遊び

100　キャラメル落とし

用意するもの　ピンポン玉（2個），キャラメルのあき箱（2箱），ひも（3メートル），紙テープ，セロハンテープ（少々）

※キャラメルの箱に，長さ30センチほどの紙テープをセロハンテープでとめます。そしてそのもう一方の端は，ヒモにセロハンテープでとめてつるしておきます。
2つとも同じように1メートルの間隔でぶらさげます。ひもの両端は，2人で持ちます。

【遊び方】

　約1メートルはなれた所からピンポン玉を投げ，つるしたキャラメルのあき箱にあてて紙テープを切る遊びです。

　ピンポン玉は軽いため，力を入れて投げてもうまくあき箱を打ち落とすことはもちろん，せまい面積のあき箱に命中させることもなかなか困難です。

　しかし，何回もくり返すことによって，投げ方，その位置などが，わかってきて，楽しくなります。

101　新聞紙破り

用意するもの　新聞紙（大判1枚），ひも（3メートル）ピンポン玉（2個），油性ペン（黒または，どんな色でもよい）

※新聞紙の中央に，直径30，40センチの円を油性ペンでかき，その中をぬりつぶしておきます。その新聞紙を，セロハンテープでひもにはりつけます。ひもは2人で両端を持つか，柱から柱にピンと張っておきます。

【遊び方】

　新聞紙から約3メートルはなれた所からピンポン玉を投げ，黒くぬりつぶした円の中を突き破れば成功です。

　ピンポン玉が通りぬけるときの音は，何ともいえないよい音です。

　しかし，新聞紙の下がとめてないので張りがなく，玉があたってもなかなか破れません。投げ方に工夫がいります。

D ピンポン玉を使用した遊び

102 箱たおしゲーム

用意するもの キャラメルのあき箱（1箱），ピンポン玉（2個）

【遊び方】

　キャラメルのあき箱は，机などの台に立てておきます。

　これは1，2メートルはなれた場所よりピンポン玉を投げて，キャラメルの箱をたおす遊びです。

　簡単なようですが，キャラメルの箱はなかなかたおれません。

　そこで，力を入れてピンポン玉を投げてみるとピンポン玉はカーブしてしまいます。また，弱く投げてもうまく飛びません。

E スポンジボールを使用した遊び

103　スポンジボール遊び

用意するもの　スポンジ，うちわ（かたくて，じょうぶなもの2本）

※スポンジをピンポン玉のようにまるく切り，ボールを作る。

【遊び方】

　うちわを1本ずつ持ち，2人が2メートルぐらいの間隔で向かい合います。

　そして，バドミントンと同じように，うちわでスポンジボールを打ち合う遊びです。

　スポンジのボールは，軽くて，おまけによくはずむので，打ちかえし合うとラリーが続きやすく，楽しくできます。

104　スポンジボールのゴルフ

用意するもの　スポンジ，クラブ（ゴルフ用のクラブを使用，または先のまがった木の棒，ボール紙を利用して作ってもよいでしょう）

※スポンジはハサミでゴルフのボールより少し大きく切って丸くします。

【遊び方】

　クラブとスポンジを使ってゴルフの練習と同じ方法でスポンジをうまく飛ばす遊びです。

　力いっぱい打っても，スポンジはなかなか遠くへは飛びません。庭先で，簡単にゴルフの気分が味わえます。

　穴を作って競争で入れても楽しめます。

F ふうせんを使用した遊び

ふうせんの多様性

　子どもの頃，だ菓子屋さんの店先で，あんな大きなふうせんがほしいな……と思ってながめたことがありませんか。
　子どもの頃の思い出に必ずといってよいほど出てくるゴムふうせん……そのふうせんの持つ魅力を十分に生かした遊びは，子どもにとってはもちろん，おとなにも楽しい遊びです。
　ふうせんの使い方によって，遊びにも大きな変化がでてきます。ふうせんは軽いため，打ちそこなうときもあります。
　また，ふうせんを１メートルほどの筒で吹いて送ってみると，軽いはずのふうせんが，なかなか動いてくれません。
　このようにふうせんは，バラエティーにとんだ遊びで私たちを楽しませてくれます。

105　ふうせんにまりあて

用意するもの　ゴムふうせん（丸いもの１個），ゴムまり（３個）
【遊び方】
　ふうせんを高くあげ地上に落ちるまでに，ゴムまりであてる遊びです。
　ふうせんの近くでゴムまりを投げるのですが，落ちて動くので，なかなかあたりません。ふうせんが落ちてくる間にゴムまりを何個続けてあてることができるでしょう。
　３個ともあてることができれば合格です。ふうせんにあてるときは，できるだけ，ふうせんの真下にあてるようにします。横にあてれば方向がかわり，次のゴムまりがあてにくくなります。

106 ふうせんあおぎ競争

用意するもの　ゴムふうせん（できるだけ丸いもの，各人1個），うちわ（各人1本）
【遊び方】
　直径1メートルの円を，参加者分だけかいておきます。
　各人がうちわとふうせんを1個ずつ持ち，円の中に入ってうちわで風を送ります。
　ふうせんをどれだけ長い間，上にあげていることができるかを競争します。
　いちばん最後まで上にあげていた人が勝ちです。早く落としてしまったり，円をふんだり，円から出たりしてはいけません。
　どこの家庭でも，夏になれば1，2本は出してあるうちわを利用し，また，庭先に円をかいて簡単にできます。
　みんないっしょに楽しみましょう。

F ふうせんを使用した遊び

107　ふうせんとばし

用意するもの　ゴムふうせん（丸いもの2個），ゴムまり（2個），糸（長さ約1メートル）

【遊び方】

　ゴムふうせんを大きくふくらませ，糸で口もとをしばり，物干しざおか木の枝につるします。

　そして，ふうせんから2メートルぐらいの所からゴムまりを投げ，ふうせんにあてて糸を切る遊びです。

　ふうせんは軽いので，ゴムまりを投げても揺れるだけでなかなか糸は切れません。

　たまにふうせんがわれたりして，投げる人も見ている人もびっくりします。

　庭先で簡単にできる遊びです。

108　ふうせんつり遊び

用意するもの　ゴムふうせん（20個），針金（細いもの），竹の棒（1メートルのもの20本），細ひも（1メートルのもの20本）

※ふうせんをふくらまし，吹き口に細い針金でおとなの親指が入るぐらいの輪を作ります。竹の棒の先にひもを結び，ひもの先は針金をつり針のようにして結びます。

【遊び方】

　部屋の真ん中に，直径2メートルの円をかいて，その中にふうせんを入れます。

　竹の棒を持ち，円にそってならびます。リーダーの合図で，ふうせんつり競争をはじめます。

　ふうせんは，すこしさわっただけでも動くため，なかなかつれません。自分がうまくいきそうでも，他の人の針がさわるとつれなくなり，簡単なようでむずかしい遊びです。

109 ふうせんけり

用意するもの ゴムふうせん（丸いもの5個）

【遊び方】

　ふうせんは大きくふくらませておきます。そして出発点より5，6メートルはなれた所に目標を定めておきます。

　5人が出発点にならび，各人が1個ずつふうせんを持って用意します。

　リーダーの合図でふうせんを投げ，足でけり，目標をまわってくる遊びです。

　ふうせんを地面に落としたら失格。ふうせんを落とさないように，できるだけ早く出発点にもどりましょう。

　場所は，風のないときは庭先や広場が適当です。園では，広い部屋を使いましょう。

　この遊びは，1組5人ぐらいのリレー形式でやればもっとおもしろくなるでしょう。

　その場で何回けり上げられるかを競争させても，簡単で楽しい遊びになります。また，ふうせんの色を，赤，青，黄などさまざまにして一度にけり上げると，とてもきれいです。

F ふうせんを使用した遊び

110 ふうせん打ち競争

用意するもの ゴムふうせん（丸いもの2～4個），しゃもじ（4本）

【遊び方】

　ラインをひき，5，6メートルはなれた所に目標を決めます。

　この遊びは，両手に1本ずつしゃもじを持ち1個のふうせんを右手，左手と交互に打ちながら，目標をまわってくる遊びです。

　途中でふうせんを落としたら，最初からやりなおしです。

　また，1個のふうせんを使って簡単にできたら，こんどは2個のふうせんを使って遊びます。2個の場合は，一方があがっているうちに，もう一方を打たねばなりません。

　部屋の中でも，野外でも楽しめます。

111 ふうせん運び

用意するもの ゴムふうせん（丸いもの4個），おぼん（4枚）

【遊 び 方】

　2組に分けて，リレー形式でします。

　目標を4，5メートルはなれた所に決め，両手に1枚ずつ持ったおぼんの上にふうせんを1個ずつのせて，リーダーの合図で競争します。

　ふうせんが落ちたら自分で拾って，また続けましょう。

　ふうせんがなかなか思いどおりにならないため，早く進むことができません。そこにこの遊びのおもしろさがあります。

　戸外でこの遊びをするときは，ふうせんの代わりにドッジボールを使うとよいでしょう。

　幼児は，両手で1枚のおぼんを持って運ばせるのがよいでしょう。

F ふうせんを使用した遊び

112 ふうせん打ち

用意するもの　ゴムふうせん（丸いもの1個），しゃもじ（2本），ひも（2，3メートルのもの1本）

【遊び方】

　最初にゲームをする場所として，縦4メートル，横2メートルの長方形をかき，中央にネット代わりのひもをはります。ひもの高さは，打ち合う人の頭より少し高くするとよいでしょう。

　この遊びはしゃもじを持ってラインの中に入り，リーダーの合図でふうせんを打ちはじめます。

　一方がふうせんを打てば，もう一方も同じように打ちかえし，お互いにふうせんを落とさないように競争します。ふうせんがつねにひもの上を通らないといけません。

　また，競技中にラインから外に出たり，ふうせんを落とすと負けです。できるだけふうせんをうまくしゃもじで受けて，打ちかえさなくてはなりません。

　また，遠くに飛んだふうせんを打つ打ち方，自分の体の動き方などを考えて打つようにしなければなりません。

　紅白の2組に分かれ，負けた方は次の人に代わり相手と競争するようにすれば，楽しく遊べます。

113 ボクシングゲーム(1)

用意するもの　ゴムふうせん（丸いもの）紙テープ（白1巻），ひも（2，3メートルのもの1本）

【遊び方】

　ゴムふうせんを大きくふくらませ，50センチぐらいの長さに切った紙テープの一方の端でしっかりと結びます。そして，もう一方の端はひもの中央に結びつけます。

　このとき，ふうせんを打つ人の頭の高さになるように，ひもの長さを調節します。この遊びはボクシングのように，手をゲンコツにし，ふうせんを打ちます。

　ふうせんを打って紙テープを切る遊びですから，紙テープに手をふれて切った場合は失格となります。

　「さあ，ボクシング3回戦タイトルマッチのはじまり，はじまり……」力いっぱい打っても，なかなか切れません。なかなか切れないところに，この遊びのよさとおもしろさがあります。

　幼児，低学年の場合には，紙テープを縦に半分に裂いて細くしたものを使用するとよいでしょう。

114　ボクシングゲーム(2)

用意するもの　ゴムふうせん（丸いもの2～5個），紙テープ

※ふうせんはできるだけ大きくふくらまし，長さ1メートル50センチぐらいに切った紙テープを，吹き口につけておきます。

【遊び方】

　まず，この遊びに参加する人4，5人のきき手ではない方の手首に，紙テープをつけたふうせんをそれぞれ結びます。このとき，紙テープの長さは背の高さと同じくらいになるよう調節します。

　準備が完了したら1列にならんで，「ただ今から，ボクシングタイトルマッチ5回戦を始めます……ヨーイ，ドン」の合図ではじめます。

　この遊びは，両手でふうせんを上にほうりあげ，きき手でふうせんを打ち，紙テープを切る遊びです。紙テープにさわって切っては失格です。

　ほかにふうせんは，足首や腰に結んでしてもよいでしょう。

115 ふうせん吹き競争

用意するもの　ゴムふうせん（丸いもの2個），包装紙（厚めの包装紙，または新聞紙）

※包装紙を丸く巻いて筒にします。筒の直径は約3センチ，長さは1メートルぐらいがよいでしょう。巻いたらセロハンテープで5，6ヵ所とめて下さい。

【遊び方】

　ラインをひき，4，5メートル先に目標を決めます。

　この遊びはふうせんを筒で吹き，目標をまわってくる遊びです。

　筒がふうせんに触れないようにして，ふうせんを前へ前へと進めるのですから，なかなか大変です。

　力いっぱい吹いても，ふうせんはとび上がって前に進みません。

　ふうせんのどこを吹いたらよいか，どのくらいの強さで吹いたらよいのか，研究をしないと，同じ所にいつまでもとどまってしまいます。

　さあ，やっている人は真剣です。見ている人も応援しましょう。

F ふうせんを使用した遊び

116 紙コップを利用したふうせん運び

用意するもの　ゴムふうせん（細長いもの2個），紙コップ（ジュースボックスにあるものがよい。2個）

【遊び方】

　ゴムふうせんを大きくふくらましたら，紙コップに結んだ吹き口の方を入れて右手に持ちます。

　そして，4，5メートル先に目標を決めてまわってくる遊びです。これをリレー形式で行ないます。

　ふうせんは1歩歩くと空気の抵抗で動き，コップから浮き出てしまいます。

　もしこのときコップにさしこんで，ふうせんをささえたりしたら，もう一度最初からやりなおしです。また，左手でささえてもいけません。

　一見やさしいようですが，なかなかできません。さあ，どういう運び方がよいでしょう。

117 ふうせん競争

用意するもの　ふうせん（2個），うちわ（2本）

【遊 び 方】

　ラインの上にふうせんをおき，うちわは手で持ちます。「ヨーイ，ドン」の合図で，うちわでふうせんをあおいで，前に進ませる遊びです。この時，手を使ってはいけません。

　目標のラインまで行ったら，次の人と交代して競争を続けます。

　あまり強くあおぐとふうせんが舞いあがってしまって，なかなか目標までいくことができません。

　また，参加者全員にうちわを持たせ，ふうせんをあおいで目標まで進ませる競争をすると，自分のふうせんだけでなく，人のふうせんを気にしたりするのでペースが崩れます。

　ふうせんの色をかえたり，油性ペンで絵をかいておくのもよいでしょう。

F ふうせんを使用した遊び

118 ふうせん送り

用意するもの　ゴムふうせん（丸いもの2個）

【遊び方】

　2組に分かれ1列ずつの縦隊になり，足をひろげて立ってトンネルを作ります。

　この遊びはふうせんを手で送ってトンネルをくぐらせ，最後の人までいったら，その人が持ってきて先頭に立ち，もう一度同じことをくり返します。全員が早く終了した組が勝ちです。

　この遊びは，手から手にわたしてはだめです。また，前の人と後ろの人の間隔があきすぎていると風が入り，ふうせんが思うように動いてくれないのでやりにくくなります。

　途中で外に出た場合はやりなおしです。

　ボールですればわりと簡単に最後の人まで行きますが，ふうせんですからうまくいきません。

G 紙袋を使用した遊び

便利な紙袋

遊びを指導しているとき，目かくしに使う手ぬぐいがなくて困りました。そこで新聞紙で紙袋を作り，遊びに利用してみたら……，スピーディーにでき，遊びの種類もふえて競争には最適であることがわかりました。それ以来私のカバンの中には，いつもハトロン紙で作った紙袋が2つ入っていて，遊びのプログラムによって，いつでも簡単に取り出せるようになっています。

119　2人目かくし競争

用意するもの　紙テープ（黄色1巻），紙袋（頭のすっぽり入るもの4枚）
【遊び方】
　2人1組の列を2列作っておきます。
　各先頭の2人の内側の足を50センチぐらいの間隔をおいて紙テープで結び，目標を4，5メートルはなれた所に決めます。
　先頭の2組はそれぞれ紙袋をかぶり，リーダーの合図で目標に向かって進みます。
　このとき，2人が手を組んではいけません。また，紙テープを切ったら，最初からやりなおしです。
　見ている人は進む方向を，声援しながら教えてあげましょう。
　目標についたら，紙袋をとって出発点にもどり，次の組と交代します。

G 紙袋を使用した遊び

120 ミカンさがし

用意するもの ミカン（5，6個），紙袋（頭がスッポリ入るもの）

【遊び方】

　部屋の中にミカンを散らしておきます。ミカンをさがす人を1人決め，その人は紙袋をかぶります。

　周囲で見ているお友だちは，さがしている人がミカンに近づいたときは手拍子を小さくし，遠のいたときは手拍子を大きくして教えてあげます。

　その音をきちんと聞き分けて，ミカンの位置にたどりつけば，きちんととることができます。

　ミカンをさがす人は交代でします。

　大きな音がするからこっちかな，小さい音だから近くにあるのだなと，手拍子の応援を聞き分けようとします。

121 障害物競争

用意するもの あきかん，ペットボトル，紙袋（頭のすっぽりと入るもの2枚）

※あきかんは，切った所を危なくないようにしておきます。
　ペットボトルは少し砂を入れておきます。

【遊び方】

　横2メートル，縦4メートルの長方形をかき，その中へ用意したあきかん，ペットボトルなどをおきます。（ならべるときに，よく調べて歩きにくくなるようにおく）

　2列にならび先頭が紙袋をかぶり，「ヨーイ，ドン」の合図で歩きはじめます。見ている人は声援します。

　途中でかんやペットボトルをたおしたら，もう一度，最初からやりなおし。またラインをふんだり，ラインから外に出てもやりなおしです。

　無事に通り抜けたら紙袋をとって出発点にもどり，次の人と交代します。

122 2つ門めぐり

用意するもの　ペットボトル（6本），紙テープ（1巻），紙袋（2枚）
※ペットボトルは軽いので，少し砂を入れてセンをし，たおれにくいようにします。

【遊び方】

　ペットボトルをまず2本ずつ横にならべ（間隔は2メートル），ペットボトルの先と先を紙テープで結びます。そして，各1メートルずつの間隔をあけて，6本のペットボトルをならべます。

　1メートルの幅が2ヵ所でき，この2つを門にするわけです。

　人数を2組に分けておきます。

　この遊びは，紙袋をかぶって右の組は右の門から左の門へ，左の門は左から右の門を通って出発点にもどり，次の人と交代します。

　見ている人は声援するようにします。そうすれば，活気のある楽しいゲームとなるでしょう。

123 ボールの門くぐり

用意するもの　ボール（ドッジまたはバレーボール2個），ジュースのあきかん（4個），紙袋（頭のすっぽり入るもの2枚）

※ジュースのあきかんは，2個ずつ縦にしセロハンテープではなれないようにくっつけておきます。

【遊び方】

　あきかんの上にボールをのせます。

　2つのボールの間は，50センチくらいはなしておき，これを門とします。出発点からボールまでの距離は，5，6メートルにします。

　参加者（12人ぐらいがよい）を2組に分け，先頭の人から紙袋をかぶって前に進み，ボールを落とさないように，門をくぐればよろしい。これをリレー形式でします。

　ボールの門の真ん中を通り，門の右または左側をまがってもどります。

　ボールの門は必ず通らなければいけません。

　途中で紙袋をとったり，門を通るときにボールを落とすと失格で，出発点からやりなおします。

G　紙袋を使用した遊び

124　くだものとり競争

用意するもの　リンゴ（2個），台またはイス（2脚），紙袋（頭のすっぽり入るもの2枚）

【遊び方】

　台またはイスを，スタートラインから5メートルほどはなれた所におき，その上にリンゴをのせます。

　2つの台の間隔は，1～2メートルがよいでしょう。

　まず紙袋をかぶった先頭の人は目標の台に向かって歩いていき，台の上のリンゴをつかんだら，リーダーが紙袋をとってあげ，その紙袋を持たせ，次の人に渡して交代します。

　このようにリレー形式でするとおもしろいでしょう。

　見ている人は声援をします。「〇〇さん，もっと右！」「××さん左よ！」といっても，やっている人には声が交差して聞こえ，反対の方に進んでリンゴをとることができなかったりして，なかなか楽しい遊びです。

125 かんかん遊び

用意するもの あきかん（2個），紙袋（頭のすっぽり入るもの2枚），ひも（50センチのもの2本），棒（30センチのもの2本），ひも（3ｍ）または竹ざお（1本）

※あきかんの底の真ん中にひもを通して，物干しざお，またはひも，鉄棒などにつるします。あきかんには，ペンキまたは絵の具で色をぬり，色わけします。
　あきかんにかぎらず，タンバリン，リングベルなど，音のでるものなら何でもよい。

【遊び方】

　ぶらさげるあきかんの位置は，人の頭の高さぐらいにします。
　あきかんから5，6メートルはなれた所をスタートにします。
　紙袋をかぶって前に進み，棒であきかんをたたいたら，袋をとって走ってもどり，次の人と交代します。これをリレー形式でします。
　なかには，あきかんへたどりつくまでに苦労する人もいるでしょう。
　同じ組の人は大きな声で応援してあげると，活気に満ち楽しめます。

G　紙袋を使用した遊び

126　お友だちさがし

用意するもの　紙袋（頭がすっぽりと入るもの4枚）

【遊 び 方】

　男の子と女の子に分け，8～10メートルの間隔をおいて向かい合わせます。

　リーダーが「××さんは○○君」，「○○さんは××君」とさがす相手を，はっきり決めておきます。

　1人ずつ袋をかぶり，リーダーの合図によって前に進み，自分に決められた相手をさがします。

　さがす人も，さがされる人も，声を出してはいけません。

　さがしあてたら，急いで2人いっしょにリーダーの所へいきます。

　そして，選んだ人が合っているかどうか，袋をとってみましょう。

　遊びをする前に，服装を少しかえたり，位置をかえておくため，なかなかあたりません。あっちこっちとさぐり，さぐり，やっと見つけるということです。

　この遊びは，親子で"子どもさがし"などにかえても楽しめます。

127 ハードル遊び

用意するもの　ペットボトル（12本），紙テープ（2巻），紙袋（頭のすっぽりはいるもの2枚）

※ペットボトルは軽いので，少し砂を入れてセンをし，倒れにくいようにします。

【遊び方】

　2本のペットボトルの口を2メートルぐらいの紙テープで結び，テープがたるまないようにペットボトルを立て，これを6組作ります。

　このハードルの間隔は，最初は60センチ，その次は50センチ，その次は30センチ，その次も30センチ，そして次は50センチ，最後は60センチぐらいにします。真ん中を狭くするのです。

　用意ができたら，参加者（12名ぐらいがよい）をハードルの前に2列にならべます。

　この遊びは，紙袋をかぶり，テープをまたいで行く遊びです。

　途中で袋をとったり，ペットボトルをたおしたりした場合は，失格でやりなおしです。

　また，真ん中の狭い所（間隔30センチ）は，2本いっしょにまたいではいけません。

　1本ずつきちんとまたいでいき目標に着いたら，リーダーに紙袋をとってもらい，次の人と交代します。

　見ている人には，うまくまたぐことができるように，「○○君，足をあげて」「××ちゃん，まっすぐ」などと，声援を送るようにすると，活気がでて楽しく遊べます。

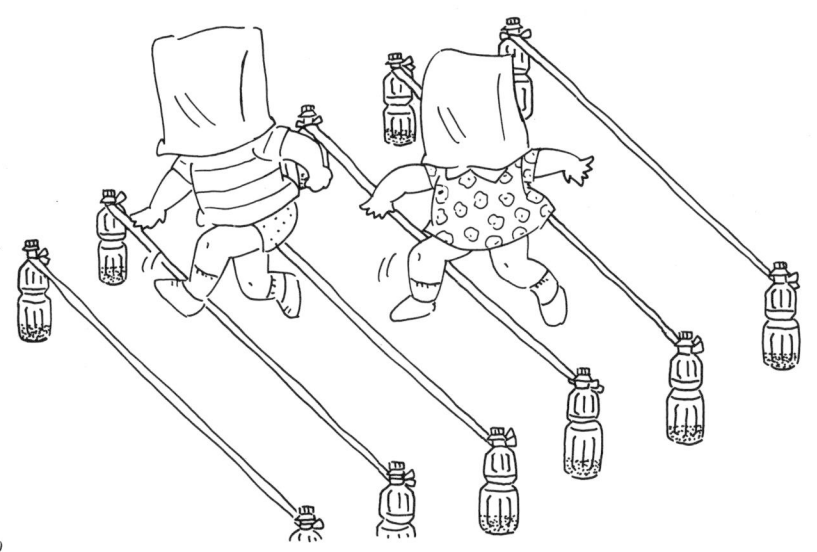

G　紙袋を使用した遊び

128　ふうせん遊び

用意するもの　ゴムふうせん（丸いもの3色を15個），ひも（3メートルのもの1本，50センチのもの3本），紙袋（2枚，組数によってその組分だけ用意する）

【遊び方】

　ひもにふうせんを同じ色が続かないようにつるしたら，ひもの両端をピンと張ります。（柱などにくくりつけましょう）

　ふうせんの高さは，子どもたちの頭の位置ぐらいが適当です。そして，ふうせんから出発点までの距離は，7～10メートルがよいでしょう。

　人数によって組を作りますが，だいたい2～5組作り，各組のふうせんの色を決めておき，先頭の人が紙袋をかぶります。

　この遊びは紙袋をかぶってふうせんの所へいき，決められた色のふうせんを，両手でしっかりつかむというものです。

　ふうせんの所に審判をおき「あたり」，「はずれ」などと知らせます。紙袋をとらせ，あたりの場合は次の人と交代するためにもどります。これをリレー形式でします。

　はずれの人は，もう一度最初からやりなおしをします。

　紙袋をかぶっていると何も見えないので，同じ組の人や見ている人たちは，自分の組の代表者に声援を送ります。

129 おぼえっこ（記憶遊び）

用意するもの 紙袋（頭のすっぽり入るもの2枚）

【遊 び 方】

　リーダーが，参加者の中から2人の代表を選びます。そして2人を向かい合わせ，時間を決めてお互いの服装，顔型などを記憶させておきます。時間がすぎたら，用意した紙袋をかぶせ，リーダーが交互に質問をし，服の色などあてさせます。うまくあたったときは，見ている人が拍手をします。

　この遊びは，リーダーがうまくリードすることがスムーズに進めるコツです。

　たとえば「××君。○○ちゃんのハンカチは何色でしたか」と質問し「白です」と××君が答えれば，リーダーが「白ですか，皆さん，白でいいですね。拍手をしましょう」とみんなに手を打たせ，「では，くつ下の色は何色だったかな」と次の問いを出すなどして，見ている人とのやりとりを大切にしながら遊ぶと活気が出て楽しくなります。

G　紙袋を使用した遊び

130　目かくし競争

用意するもの　ボール（ドッジまたはバレーボール2個），ジュースのあきかん（2本），紙袋（2枚）

【遊び方】

2組に分けておきます。

出発のラインより5メートルはなれた所に，ボールをのせたジュースのあきかんをおきます。

この遊びは，紙袋をかぶったまま目標のあきかんの上のボールを落とさないように早くまわり，出発点にもどり，次の人に紙袋を渡します。

ボールの近くまでいっても，ウロウロしているとボールを落としてしまいます。

見ている人には，声援させると活気が出て楽しくなります。

131　ふうせん顔かき

用意するもの　ゴムふうせん（大きく丸いもの5個），紙袋（頭のすっぽり入るもの2枚），ひも（6メートル），油性ペン（2本）

※ひもは半分に切り，1本はそのまま，あとの1本は5本に切っておきます。ふうせんを5個ふくらませ，長さ60センチに切ったひもでしっかりと結びます。3メートルのひもを張り，5個のふうせんを一定の間隔をあけて結びつけます。

【遊び方】

ふうせんから5メートルはなれた所にラインをひきます。

この遊びは紙袋をかぶって油性ペンを持ち，ふうせんの所までいったらそこに顔をかく遊びです。

うまくかけませんがなかなか楽しいものです。

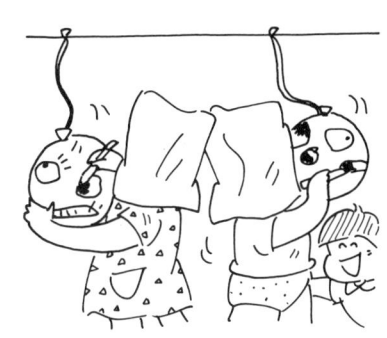

H 新聞紙を使用した遊び

新聞紙の手軽さ

　読み終え，いつの間にかたまった新聞紙は，遊びには欠かせない資源です。
　外出した場合でも，駅やコンビニエンスストアで気軽に求めることができます。
　こんな身近な新聞紙はたった1枚でも切ったり，はったり，つなげたり，まるめたりするだけで，遊びの道具に早がわりします。
　さて，あなたはどんな遊びを思いつきましたか？

132　新聞くぐり

用意するもの　新聞紙（参加者に各1枚）

【遊び方】

　1枚の新聞紙の真ん中を，すばやく破って穴をあけ，そこにからだを通す遊びです。
　破り方が悪いと，からだを通すときに穴がさけてしまいます。
　新聞紙の破り方に工夫がいり，この表現方法が様々なので見る人を楽しませます。
　また，やる人を競争にかりたて，おもしろくなります。

H 新聞紙を使用した遊び

133 新聞ビリビリ

用意するもの　新聞紙

【遊び方】

　1枚の新聞紙を、早く帯のように長く、途中で切らないように破る遊びです。

　どうしたら早く、長く、破ることができるか考えましょう。簡単のようでむずかしい遊びです。

　参加する人数によって、組分けしましょう。もし部屋の中だったら適当な人数で競争するのもよいでしょう。

　リーダーが時計を見ながら、「今から1分間で、できるだけ長く破ってください。途中で切らないこと、ヨーイ、ドン！」と合図をして「今20秒……」「……30秒」と、参加者をせきたてます。

　「ハイ1分」、そして「いちばん長く破った人は……」といって、全員に破ったのを持たせます。

　早く破ろうとして、折りたたんで破った人がいたり、さまざまな形ができておもしろい遊びになります。

134 紙はしごくぐり

用意するもの　新聞紙（大判2枚），ひも（5メートルのもの2本）

※上下を50センチの間隔で2本のひもをはり（両端を腰掛けに結ぶか，2人で持つ）。新聞紙を5センチの幅に切って紙テープを作り，子どもがやっとぬけることのできるぐらいの間隔で紙テープをはりつけ，図のようなはしごを作ります。通りぬける間は10カ所ぐらいがよいでしょう。

【遊び方】

　この遊びは，まず出発点から6メートル先に，作ったはしごをおきます。そして，2組に分かれて，リーダーの合図で先頭が走り，はしごの間をくぐり，出発点にもどって来て，次の人と交代するリレー形式のものです。

　はしごは紙でできているため，ちょっとむりをすると破れてしまいます。

　紙が破れそうになると，見ている人もハラハラドキドキします。

135 輪くぐり競争

用意するもの　新聞紙

※新聞紙を8センチの幅に切って，子どもの体がやっとくぐれるほどの大きさの輪を，参加する子どもの人数分を合わせて作っておきます。

【遊び方】

子どもを1列にならべます。(10～20人くらいがよい)

出発点より5メートルはなれた所に，紙の輪を人数に合わせてならべておきます。

この遊びは，リーダーの合図で，紙の輪を破らないように，早く，頭から足まで通すのです。

新聞紙ですから，力を入れすぎると破れてしまいます。急げば急ぐほど破れやすくなります。勝とうとする気持ち，早くしようとする気持ち，でも破らない……という気持ちが，この遊びをおもしろくします。

136 新聞紙のボール遊び

用意するもの 新聞紙（大判4枚），ボール（ドッジまたはバレーボール）

【遊び方】

　出発点から7，8メートルの所に目標を決めます。

　新聞紙の上にボールをのせたら新聞の両端を両手で持って，ボールを落とさないように，地面および床の上でひっぱって競争します。

　強くひっぱると，ボールは紙の外にころがり出てしまいます。

　ボールがころがり出たら，出発点からまたやりなおしをします。

　この遊びは紙を強くひっぱると，ボールがころがり出るからおもしろいのです。

あきかんを更用した遊び

ジュースかんの活用

　ジュースのあきかんを手に持ち，その手をしっかりのばして，ドッジボールをのせる。ボールを落とさないように競争をしましょう。
　こうした遊びに子どもたちは大喜び。ハイキングやキャンプに行って，自分が飲んだジュースのあきかんをゲームに利用し，その便利さを遊びに活用するのです。2個，3個，4個……数が多くなれば，遊びの組みかえができ，新たな楽しみが生まれます。

137　かんけり遊び

用意するもの　ジュースのあきかん（2個）
【遊び方】
　2人1組になり，2列にならびます。
　出発点から，7メートルほどはなれた所に目標を立てておきます。
　ジュースのあきかんを各組に1個ずつ渡し，各組の足元におきます。そして，合図で，2人であきかんをけりながら目標をまわって出発点にもどり，次の組と交代をします。あきかんはまっすぐ進まないで同じ所でくるくるまわったり，横にそれたりして，なかなか進みません。リレー形式ですれば，競争意識が一段と高まりあわてるため，ますますうまくかんをけることができません。

138 かんかん打ち

用意するもの　ジュースかビールのあきかん（4個），ひも（強いもの1メートル），
　　　　　　　　竹の棒（80センチのもの2本）

※あきかんの底の真ん中に穴をあけ，ひもをかんの穴に通し，2つのかんをつないでとれないようしっかりと結んでおきます。

【遊び方】

　2組に分けて，各組に1本ずつ竹の棒を渡します。

　目標を決めておき，かんを竹の棒で打ちながら競争します。

　棒の先にひもをかけてとばすことはいけません。

　かんを棒の先で打つと，一方のかんがブレーキになり，なかなか目標まで運ぶことができないので，おもしろい遊びになります。

1 あきかんを使用した遊び

139　かんかんたたき

用意するもの　ジュースのあきかん（2個），棒（長さ1メートルのもの2本，長さ50センチのもの2本），ひも（長さ1メートルの強いひも2本），紙袋（頭のすっぽりはいるもの2枚）

※ひもの先を長い方の棒の先にしばります。もう片方の先はあきかんの底の真ん中に穴をあけて通し，結び目を作ってひもが抜けないようにしておきます。

【遊び方】

　2組にグループ分けをします。左手にかんをつるした棒を持ち（腕を曲げないように，また腕を上げすぎないようにのばし），右手に短い棒を持ちます。

　そのとき紙袋をかぶって何も見えないようにして合図を待ちます。そして，リーダーの合図とともに，かんをたたきます。

　かんをたたくことができたら，1歩前進します。

　目標まで進んだら，紙袋をとって次の人と交代します。かんをたたくこができなかったら，何回でも棒をふってみます。

　力を入れて空打ちすると，棒にひもがからまってしまいます。さあ，みんなの声援をたよりにかんを打ちましょう。

140 ジュースかんたおし

用意するもの　ジュースのあきかん（5個以上）

【遊び方】

　4個のあきかんを前方にならべて立てておき，5メートルぐらいはなれた所にラインをひいておきます。

　そのラインから，1個のあきかんをころがして，前方に立てたあきかんをたおす遊びです。

　あきかんがなかなかまっすぐにころがってくれないため，立ててあるジュースかんの所にうまくいきません。

　4個のあきかんを，うまくたおすことができるようになったら，次は，あきかんを積んだり，間隔を広くしたり，いろいろな位置にならべてやってみましょう。

141　かんかんつり遊び

用意するもの　ジュースのあきかん（2個），竹の棒（細い竹で，1メートルの長さのもの4本），針金，細ひも（2メートルのもの2本）

※2本の棒の先に，約2メートルの細ひもを結びつけます。そして，お互いの細ひもを合わせて結んで1本にし，先にはつり針のかわりにする針金をつけます。
あきかんはバケツのつり手のようなものを針金で作っておきます。これを2組ずつ用意します。

【遊び方】

2組にグループ分けをし，各組とも2列にならびます。

2人1組で竹の棒を1本ずつ持ち，2人で協力してあきかんをつりあげる遊びです。

あきかんとつり上げる人の距離は，1メートル30センチぐらいがよいでしょう。

1人でつることはわりと簡単なのですが，この遊びは，2人で協力してつらなければなりませんので，ちゃんと気持ちを合わせないとできません。

J 紙テープを使用した遊び

紙テープをうまく使って

　赤，黄，緑など，色がついているだけで，子どもたちは紙テープに興味を持ちます。

　グループ分けなど集団作りにも役立ちます。

142　紙テープ遊び(1)

用意するもの　紙テープ（2巻）

【遊び方】

　2列縦隊にならべ，前後の子どもの左足と左足，右足と右足を足首のところで，紙テープを使って結びます。

　前の子どもと後の子どもの間隔は，10センチぐらいにします。

　後の子どもは，前の子どもの肩に両手をのせ，リーダーの合図で出発します。

　紙テープを切らないように，目標をまわってくる競争です。

　紙テープですから切れやすく，前と後ろの2人が協力してやっていかないと，なかなかうまくいきません。「いち，に，いち，に……」とかけ声をかけ，リズムをとっていくとよいでしょう。

143　紙テープ遊び(2)

用意するもの　紙テープ（1巻）

【遊　び　方】

　約80センチの長さに切った紙テープを結んで、輪にします。

　その紙テープの輪を、両足のひざの所まで通し、その輪が下に落ちないようにして競争する遊びです。

　紙テープの輪はゆったりとしているし軽いため、走るとずれ落ちてしまいます。

　また、あまり急ぐと紙テープが切れてしまいます。

　切れたら結び、もう一度競争をします。

　切れれば切れるほど歩幅がせまくなるため、思うように走ることができず、おもしろくなります。

　おとうさん、おかあさんもいっしょになり、家のまわりや広場で遊びましょう。

144 3人4脚の遊び

用意するもの 紙テープ（1巻）

【遊び方】

　参加者は3人1組になり，1列にならびます。目標は，5メートル先ぐらいに決めておきます。

　3人の内側の足首を紙テープで結びます。（真ん中の人は，両足を結ぶことになります）用意ができたら1列にならび，リーダーの合図で切らないように目標まで進む遊びです。

　リズムをとりながら歩けば，3人の気持ちがぴったりと合うので切れにくくなります。

J　紙テープを使用した遊び

145　3人競争

用意するもの　紙テープ（50センチ2本），ひも（1メートル2本）

【遊び方】

　3人1組で5組のグループを2つ作ります。

　この遊びは，3人1組が，前1人後2人の隊形にならび，後の2人は，2人3脚のように紙テープで足を結びます。（あまりきつくすると切れてしまいます）前の1人は，腰にしっかりとひもを結んでおきます。

　後の2人は前の人の腰ひもをしっかりとにぎり，リーダーの合図で目標をまわってもどり，次の人にそのひもを渡し交代します。後の2人の紙テープが切れないよう，お互いに注意します。

　この遊びは3人のバランスを保たせ，子どもの協調性を育てます。

146 紙テープとび

用意するもの 紙テープ（1巻）

【遊び方】

　紙テープを長さ3メートルぐらいに3本切っておきます。

　1本の紙テープの両端を2人でしっかりと持ち，ひざの高さにしてすわります。

　同じように2本の紙テープも，それぞれ両端を持ってピンと張ります。そして1メートルの間隔をあけてすわります。

　次に，ほかの子どもたちは足（すね）を紙テープで結び，準備をします。足を結ぶ紙テープの長さは，約30センチです。

　この遊びは足を紙テープで結んだ人が，3本の紙テープを順番にとぶのです。

　紙テープを切ったらやりなおしです。

　ひざの高さができたら，もう少し上へと，だんだん高くしていきましょう。

147 紙テープを使った3人競争

用意するもの 紙テープ（1巻），竹の棒（約2メートルのもの2本）

【遊び方】

3人で1組とし，紅白の2組を作ります。そして出発点から約6メートルの所に目標を決めます。

3人の内側の足首を約40センチ間隔の紙テープで結びます。（真ん中の人は両足を結ぶことになります）そして，3人で竹の棒を腰の高さでしっかり持ちます。そしてリーダーの合図で走り出します。

竹の棒をはなしてはいけません。また，紙テープを切ったら，その場で結び走り続けます。

紙テープは切れるたびに間隔がせまくなり，いっそう走りにくくなって不利ですから，できるだけ切らないようにがんばらなくてはいけません。

幼稚園や保育園でする場合は，先生がピアノなどでリズムをとってみると，子どもたちはリズムにのってするため，うまくできます。

148 片足競争

用意するもの　紙テープ（1巻）

【遊び方】

　3人1組の列を5列ほど作り，前向きに1列にならべます。このとき，紙テープで右，左どちらかの足をじゅずつなぎに結びます。

　前後の間隔は，だいたい25センチくらいがいいでしょう。

　5，6メートル先に目標を立て，「ヨーイ，ドン」の合図で，足の紙テープを切らないように，目標をまわってもどって来る競争です。切れた組は途中でつなぎ，そこから競争します。

　片方の足は自由でも，もう片方が自由でないため，なかなかうまく走れなくて，おもしろい競争になります。

J 紙テープを使用した遊び

149 集合ゲーム

用意するもの　紙テープ（色とりどりのもの）

【遊び方】

　両手間隔に広がり，各人の左腕に30センチの長さに切った紙テープを結びつけます。

　となりどうしが同じ色にならないように，テープの色を考えて結ぶことが大切です。

　リーダーは輪の真ん中に立ち，大きな声で，「黄，2人！」とか，「赤，5人！」と叫びます。

　リーダーの声を聞いて，黄または赤のテープを巻いた人は，それぞれ，できるだけ早く，指示どおりの人数になってすわります。

　ときどき「赤と緑と黄！」などといったりすると，自分の腕にまいてある紙テープの色をすっかり忘れ，ほかのグループといっしょに混ざったりします。

　人数が多ければ多いほど，おもしろくなります。

K 何も使用しない遊び

何かあればいいというものじゃない

道具さえあれば楽しい遊びができると思ったら大まちがいです。

子どもたちは遊びの王様！　何もなくたって，自分たちで工夫して楽しい遊びを次から次へと生みだしていきます。

150 ジャンケン遊び

用意するもの　チョーク（1本）

【遊び方】

まず地面（床でもよい）に，1辺が約2メートルの正方形をかき，その周囲に，縦，横5つずつのゴバンの目をかき加えます。

正方形の外側の各かどに，4人の子どもがそれぞれ立ってジャンケンをします。

勝った人は，最初に右まわりか左まわりかを決めておいた方向へ1つ進みます。

自分の前の友だちを追いぬいて，早く自分の場所にもどった人が勝ちです。

… K 何も使用しない遊び

151 手を打って(1)

【遊び方】

　手を打ったり，打たせない指示を出すことで，子どもの気持ちを集中させ，これが緊張をほぐすことになります。

　リーダーは，子どもたちの手を上に上げさせて，「手を打って！」といいながら3回ほど手を打たせます。そして，「次に，私が手を打ってといったときだけ手を打って下さい。もう一度とか，ハイといったときには手を打たないこと」と約束させます。2，3回「ハイ」とか，「もう一度」といったもので練習させます。

　リーダーの言葉に，ついまちがえて手を打ってしまう……この失敗がドッとまわりを笑わせます。

　くり返し行ない，何人が打って，何人残るか競争するとおもしろくなります。

152 手を打って(2)

【遊び方】

　参加者が両手を前に出し,リーダーが右手を開いて前に出したときは,手を打つ……,リーダーがこぶしを握ったときは,手を打つのをやめる……。

　ただこれだけのことでも,リーダーの手の開きとこぶしの握りによって,子どもがまちがえて手を打つので,楽しいゲームになります。

　会合の前や疲れたときにすると,気分転換になります。

153 むかで遊び

用意するもの　あきかん（かんづめ，ジュースのあきかん），ペットボトル（中に少し砂を入れてセンをしておく），積み木，チョーク（1本）

※曲りくねった道を2本，チョークでかきます。次に，用意したあきかん，ペットボトル，積み木などを，曲りくねったカーブの所におきます。

【遊び方】

　5人1組で1列になり，むかでのように，前の友だちにつかまってしゃがみます。

　3～5組ぐらいで，リーダーの合図によりかいた道を，障害物をたおさないようにしゃがんで歩きます。

　早く着いた方が勝ちです。障害物をたおしたら失格，また，友だちから手をはなさないようにして進みます。

154 おしりずもう

用意するもの チョーク

【遊び方】

　図のように、円をかきます。(円の大きさは参加する人の足の大きさの3倍)

　2人を背中合わせにして、おしりとおしりの間に、にぎりこぶし分だけあけて立ちます。このとき、足先が線から出ないように注意します。リーダーの「ハイ」の合図で、お互いにおしりをぶつけあわせて、相手を早く円の外に出す遊びです。

　この遊びは、小、中学生は大喜びで参加します。幼児にもできます。

　たたみの部屋でするときには座ぶとんをしき、その上でするとよいでしょう。

　勝ちぬきでしてもいいですし、また、3回勝負でやっても楽しいです。

K　何も使用しない遊び

155　集合ゲーム

用意するもの　チョーク（1本）

※室内か運動場の中央に，この遊びに参加する人全員が入れる大きさの円をかきます。そして，そのまわりに小さな円をいくつも作り，その中に1〜10までの数字をバラバラにして，いくつもかいておきます。

【遊び方】

　まず，中央の円の中に参加者全員を入れ，リーダーが数をいいます。

　たとえば「2」といったとします。そうしたら②とかいてある円の中に2人だけが入ります。

　もし②の円の中に3人が入ったら，いちばん最後に入った1人をおしだして失格にします。

　おしだされた人は，どこか1人だけでいる所をさがして，その円に加わります。

　どの円にも入れなかった人がリーダーとなり，数をいいます。このときこそ，自分がねらいを定めた数字の所に走りこみます。

　この遊びは，どんどんリーダーが変わり，みんなで楽しく遊べます。

著者紹介

三 宅 邦 夫
昭和22年3月中日こども会を創設。責任者として子どもの福祉と文化活動及び遊び(遊戯)の普及に努め，現在，中日こども会事務局(中日新聞社内)主事。

＜おもな著書＞
『みんなで楽しむ体育あそび・ゲーム事典』
『楽しい体育ゲーム104』
『親と子のふれあい体操 BEST47』
『健康増進 生き生き体操59』
『手づくりカードで楽しむ学習体操 BEST 50』(以上，黎明書房)

本文イラスト　中村美保
カバー・扉イラスト　渡井しおり

楽しいゲームあそび155

2005年8月1日　初版発行
2007年1月1日　2刷発行

著　者　三　宅　邦　夫
発行者　武　馬　久仁裕
印　刷　藤原印刷株式会社
製　本　協栄製本工業株式会社

発行所　　株式会社　黎明書房

〒460-0002　名古屋市中区丸の内3-6-27　EBSビル
☎052-962-3045　FAX 052-951-9065　振替・00880-1-59001
〒101-0051　東京連絡所・千代田区神田神保町1-32-2
南部ビル302号　☎03-3268-3470

落丁本・乱丁本はお取替します。　ISBN978-4-654-05946-1
© K. Miyake 2005, Printed in Japan